Die Villa am Hang

Schriften des Heimatvereins Friedberg 1

herausgegeben vom Heimatverein Friedberg e.V.

Gabriele Sorge

DIE VILLA AM HANG

Römisches Landleben an der Friedberger Lechleite

Friedberg 2001

Umschlagseite vorne: Rekonstruktion und Grundriss des Risalitgebäudes (Vorlage G. Sorge, Ausführung V. Babucke).

Umschlagseite hinten: Keramikgefäße aus Keller A und Grube 40 (G. Sorge).

Die deutsche Bibliothek - CIP-Einheitsaufnahme

Sorge, Gabriele:
Die Villa am Hang: römisches Landleben an der Friedberger Lechleite
/Gabriele Sorge.
Friedberg: Likias-Verl., 2001
(Schriften des Heimatvereins Friedberg ; 1)
ISBN 3-9807628-0-7

© 2001 Likias Verlag
Unterm Berg 2
86316 Friedberg
0821-603654

Satz und Layout: U. Ibler, V. Babucke
Druck: Druckerei Böhm, Augsburg

Gedruckt mit Unterstützung der Gesellschaft für Archäologie in Bayern.

Vorwort

Die Friedberger Lechleite zählt aufgrund ihrer reichen archäologischen Zeugnisse und den erfolgten Ausgrabungen zu den interessantesten Fundlandschaften Südbayerns. Als in Friedberg-Süd "Am Fladerlach" 1972 ein frühmittelalterliches Körpergrab entdeckt wurde, war nicht voraussehbar, dass hier im folgenden Jahr ein römisches Landgut, eine *villa suburbana* unweit der raetischen Hauptstadt AVGVSTA VINDELICVM sowie eine alamannische Adelsgrablege freigelegt werden konnten. Später sollten dann in direktem Umfeld auch Siedlungsreste und Grabfunde der Bronzezeit, der Urnenfelderkultur, der Hallstattzeit und der Kelten, aber auch des Früh- und Hochmittelalters zutage treten.

Nach den Ausgrabungen an der Römervilla "Am Fladerlach" 1972/73 durch die Aussenstelle Schwaben des Bayer. Landesamtes für Denkmalpflege unter Dr. G. Krahe und dem Grabungstechniker K.-H. Henning folgten 1975/76 weitere Beobachtungen und Fundbergungen durch Mitglieder des Heimatvereins Friedberg, allen voran durch die Ehepaare R. und H. Stickroth und G. und Dr. H. Raab. Ihnen sei dafür gedankt, besonders aber Herrn Stickroth, der ehrenamtlich die fachgerechte Inventarisierung aller Funde und ihre Magazinierung im Depot des Heimatmuseums vornahm. Dort im Friedberger Schloss stellen die herausragenden Objekte der römischen Villa und ein von E. Högg gefertigtes Modell im Mittelpunkt der archäologischen Abteilung und bilden bei Führungen durch Frau Dr. A. Riolini-Unger und Kustos H. Beil den Schwerpunkt im Thema „Römerzeit".

Die wissenschaftliche Bearbeitung der Römervilla von Friedberg-Süd, 1991 von Frau Dr. G. Sorge als Magisterarbeit an der L.–M.-Universität München bei Prof. Dr. G. Ulbert abgeschlossen, erschien 1999 in den Bayer. Vorgeschichtsblättern. Wir, der Heimatverein Friedberg e.V., danken Frau Dr. Sorge sehr herzlich für ihre sofortige Bereitschaft, auf unsere Anfrage hin diese kleinere handliche Schrift zur Römervilla Friedberg anzufertigen: gleichermaßen Vorlage ihrer wissenschaftlichen Ergebnisse wie auch Führer zu den Ausgrabungsfunden im Museum.

Die redaktionelle Arbeit an Text und Abbildungen, die Gestaltung und die Druckvorbereitung übernahmen Frau Dr. U. Ibler und Herr V. Babucke M.A. mit ihrem Likias-Verlag. Der Druck erfolgte in der Fa. Böhm in Augsburg. Frau Dr. Sorge als Autorin, Frau Dr. Ibler und Herrn Babucke, aber auch Herrn Böhm sei für die gute Zusammenarbeit dankbare Anerkennung ausgesprochen. Erstellt wurde dieses erste Heft der "Schriften des Heimatvereins Friedberg" mit Unterstützung der Gesellschaft für Archäologie in Bayern e.V. : herzlichen Dank.

Vorstand, Beirat und den Mitgliedern des Heimatvereins Friedberg sei Dank gesagt für den Start dieser Schriftenreihe und ihr erstes Heft: Möge es die römische Villa von Friedberg, eine der bedeutensten Anlagen der Provinz Raetien, einem noch größeren Kreis bekannt machen und das archäologische Erbe unserer Vorfahren an Friedbergs Lechleite bewahren helfen.

Dr. L. Bakker, Vorsitzender des Heimatvereins Friedberg

Einführung

Die bayerische Stadt Friedberg am östlichen Rand des Lechtales zeigt in der vor- und frühgeschichtlichen Abteilung ihres Heimatmuseums archäologische Funde aus der näheren und weiteren Umgebung[1]. Eine zentrale Stellung nimmt die Präsentation der in der Flur „Am Fladerlach" gelegenen römischen Villa ein.

Diese Villa, eine der größten und reichsten Villenanlagen in der Umgebung der damaligen raetischen Provinzhauptstadt Augsburg - *Augusta Vindelicum* wurde bei Ausgrabungen am südlichen Stadtrand von Friedberg freigelegt. Dieses Gebiet war seit der Bronzezeit immer wieder besiedelt und erbrachte eine Reihe von Funden und Befunden, die für die Vor- und Frühgeschichte des süddeutschen Raumes von besonderer Bedeutung sind (Abb. 1).

In der nächsten Umgebung der römischen Villa wurde bronzezeitliche, urnenfelderzeitliche und hallstattzeitliche Keramik geborgen. Denselben drei Zeitstufen gehört auch die große, wohl vollständig ergrabene Nekropole „Am Bierweg" an[2]. Auf dem ehemaligen Gelände der Villa befand sich ein kleiner alamannischer Friedhof, der sich durch ein besonders reich ausgestattetes Mädchengrab und die Beigaben in den Männergräbern als Adelsgrablege zu erkennen gibt[3]. Die zugehörige alamannische Siedlung lag möglicherweise nördlich des Hohlweges[4]. Hier fand sich auch Keramik des 10. Jahrhunderts[5] und des Hochmittelalters[6]. Eine Grube und ein Graben östlich des Villengebäudes waren mit Keramik des 14. bis 16. Jahrhunderts gefüllt[7].

Die Ausgrabungen in Friedberg-Süd

Die Aufdeckung eines frühmittelalterlichen Körpergrabes bei Bauarbeiten am Hagelmühlweg in der Flur „Am Fladerlach" im Herbst 1972 führte zu einer Rettungsgrabung durch das Bayer. Landesamt für Denkmalpflege, Außenstelle Schwaben, in deren Verlauf im Jahre 1973 die römische Villa und 24 weitere frühmittelalterliche Gräber freigelegt wurden[8] (Abb. 2). 1989-1990 konnte im Hinterhofbereich der Villa eine weitere große Fläche untersucht werden, wobei auch ein Nebengebäude erfasst wurde[9]. Nur noch einzelne römische Befunde sowie die südöstliche Fundamentecke dieses Nebengebäudes wurden bei Ausgrabungen 1995 südlich des Hagelmühlweges angetroffen[10]. Bei den Grabungen der Jahre 1990 - 1995 südlich des Hagelmühlweges und westlich der Karl-Lindner-Straße wurden bronzezeitliche und hallstattzeitliche Siedlungsplätze aufgedeckt (Abb. 1). Ein Graben der Hallstattzeit läuft in der südwestlichen Ecke der Grabungsfläche auf die Hangkante zu und umschließt offenbar den topographisch höchsten Punkt

Abb. 1 Übersichtsplan der Friedberger Ausgrabungen.

1 römische Villa , 2 frühmittelalterliches Gräberfeld, 3 bronze- und hallstattzeitliche Siedlung, 4 bronze- und
hallstattzeitliches Gräberfeld mit einzelnem römischen Brandgrab, 5 hallstattzeitlicher Graben.
Maßstab 1:4000.

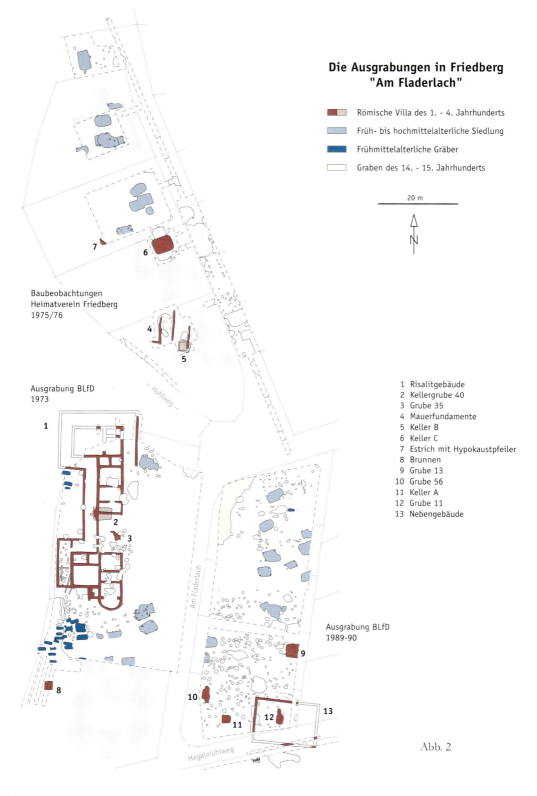

Die Ausgrabungen in Friedberg
"Am Fladerlach"

Römische Villa des 1. - 4. Jahrhunderts

Früh- bis hochmittelalterliche Siedlung

Frühmittelalterliche Gräber

Graben des 14. - 15. Jahrhunderts

20 m

N

Baubeobachtungen
Heimatverein Friedberg
1975/76

Ausgrabung BLfD
1973

Hohlweg

Am Fladerlach

Hagelmühlweg

Ausgrabung BLfD
1989-90

1 Risalitgebäude
2 Kellergrube 40
3 Grube 35
4 Mauerfundamente
5 Keller B
6 Keller C
7 Estrich mit Hypokaustpfeiler
8 Brunnen
9 Grube 13
10 Grube 56
11 Keller A
12 Grube 11
13 Nebengebäude

Abb. 2

8

des Geländes. Möglicherweise hat sich hier ein umfriedetes Gehöft, ein sog. „Herrenhof" befunden[11].

Außer diesen flächigen Grabungen gab es im Bereich der römischen Villa eine Reihe von Baubeobachtungen und Fundbergungen durch ehrenamtliche Mitglieder des örtlichen Heimatvereines. 1975 und 1976 wurden bei Baumaßnahmen nördlich des Hohlweges vorgeschichtliche und römische Gruben und Mauern angeschnitten und durch die Mitglieder des Friedberger Heimatvereines H. und R. Stickroth, G. und Dr. H. Raab, J. Hößler und F. Wiedemann dokumentiert. Dabei wurde eine beachtliche Menge an Fundgut geborgen. Eine einwöchige Ausgrabung des Landesamtes für Denkmalpflege im Jahr 1975 ergänzte diese Arbeiten.

Die römische Anlage, die sich durch ihre Größe und Architektur auszeichnet, konnte schon bald nach der Ausgrabung zusammen mit einzelnen herausragenden Funden vorgestellt werden[12].

Wohnen in besonders schöner Lage - Zur Topographie

Die Friedberger Villa wird in der Forschung von Anfang an als *villa suburbana*, d.h. als Villa am Stadtrand bezeichnet. Der Begriff *villa* wurde von den römischen Autoren selbst umfassend und daher unscharf gebraucht. Er steht einfach für ein Wirtschafts- und Wohngebäude außerhalb der Stadtmauern. Die antiken Autoren haben ein Landgut, bestehend aus Wohn- und Wirtschaftsgebäude, als *praedium* oder *fundus* bezeichnet. Das zugehörige Land war der *ager*. Innerhalb einer *villa* gab es nach Columella, der die römische Landwirtschaft ausführlich beschrieben hat, drei Teile: die *pars urbana*, die *pars rustica* und die *pars fructuaria*. Diese Trennung kann in Ansätzen auch in Friedberg nachvollzogen werden, wenn man das große Wohngebäude als *pars urbana* und das kleine Nebengebäude als *pars fructuaria* bezeichnen will.

Für Güter in der Nähe der Stadt, gemeint ist damit in der Regel Rom, wurden die Begriffe *praedium suburbanum*, *fundus suburbanus*, *rus suburbanum* und auch *villa suburbana* verwendet. Aber wie weit darf ein Gut von der Stadt entfernt sein, um noch als *suburbanum* zu gelten? Im Falle von Friedberg sind es 7 km oder 4,5 römische Meilen bis nach *Augusta Vindelicum*, nahe genug, um sie mit einem leichten Pferdewagen innerhalb einer guten Stunde zu erreichen. Somit erscheint die Verwendung des Begriffs *villa suburbana* gerechtfertigt.

Die Villa zeichnet sich durch ihre exponierte Lage an der Lechterrassenkante, der Lechleite aus (Abb. 3-4). Sie liegt 15 m hoch über dem Lechtal und der ehemals hochwassergefährdeten Lechniederterrasse. Heute ist ihre Lage durch Hangerosion verändert, der Hang liegt unmittelbar am Gebäude. Zum Zeitpunkt der Ausgrabung war der nördliche Gebäudetrakt, ein sog. Risalit, bereits zum größten Teil verschwunden und der Abhang bis auf einen Meter an das Gebäude herangewandert .

Der Standort der Villa gehört zum tertiären Hügelland[13]. Hier herrschen Sande vor, über denen stellenweise die erdgeschichtlich jüngeren Lößablagerungen liegen, die zu fruchtbarem Ackerboden verwittern. Über den kalkigen Quarzkiesen und Quarzsanden,

Abb. 3 Luftbild der Stadt Friedberg, aufgenommen aus einem Ballon im Winter 1893. Im Vordergrund das Gelände der Villa südlich des Hohlweges an der Hangkante.

die auch den Standort der Friedberger Villa prägen, konnten sich nur wenig fruchtbare Böden bilden, so dass sie in der Regel dem Wald überlassen blieben. Früher war meist Misch- und Eichenwald vorherrschend, heute ist es Kiefern- und Fichtenwald. Die Lechleite südlich der Villa und nördlich der Stadt Friedberg ist heute noch bewaldet. Noch zu Beginn des Jahrhunderts bildete der Lech eine reich gegliederte Flusslandschaft mit weiten Überschwemmungsflächen, vielen Kiesbänken im kilometerbreiten Flussbett und einer weitgehend bewaldeten Aulandschaft an den Ufern.

Unterhalb der Villa am Fuße der Lechleite fließt die Friedberger Ach. Vermutlich exis-

tierte damals wie heute direkt am Hang ein Quellaustritt. Nördlich der Villa gibt es heute einen Hohlweg, der vermutlich im Mittelalter entstanden ist. Dabei ist nicht zu klären, ob er einem römischen Zufahrtsweg folgt oder gänzlich neu angelegt wurde. Unmittelbar südlich der Villa, heute jenseits der Straße Hagelmühlweg, steigt das Gelände in zwei Stufen an, so dass keine freie Sicht nach Süden möglich ist. Die Villa lag nicht auf dem topographisch höchsten Punkt. Eine ungetrübte Aussicht war nur nach Norden und Westen hin möglich, zur untergehenden Sonne über der Provinzhauptstadt.

Römisches Landleben in vier Jahrhunderten

Die Anlage der *villa suburbana* besteht aus dem Hauptgebäude, einem Risalitbau (Bau mit Seitenflügeln) mit umgebender *porticus* (Säulenhalle) und einem kleinen Nebengebäude. Von einem weiteren Bau nördlich des Hohlweges sind nur Mauerzüge erhalten. Eine Umfassungsmauer wurde nicht festgestellt (Abb. 2).

Der nahezu symmetrische Grundriss des Hauptgebäudes zeigt den klassischen Typus der Risalitvilla (Abb. 5). Die beiden Flügel werden durch die *porticus* miteinander verbunden, die um den Nordflügel herumführt

und an ihrem Endpunkt auf der Ostseite möglicherweise einen zweiten Eingang bildet. Der Bau ist in Nord-Südrichtung parallel zur Terrassenkante orientiert. Er öffnet sich nach Westen, wobei der Haupteingang aber wohl auf der Ostseite zu suchen ist, da im Westen der nahe Abhang nicht viel Platz für einen Zuweg lässt. Die Villa, zu einem etwa 55 m langen Gebäude ergänzt, weist eine Wohnfläche von rund 330 qm auf.

Für die Datierung des Gebäudes ist die Kellergrube 40 von Bedeutung, da tragende Mauern des Risalitbaus in sie eingreifen und

Abb. 4 Blick nach Osten auf die Friedberger Lechleite mit dem überbauten Villengelände an der Hangkante. Im Vordergrund die Friedberger Ach, die von der Baumreihe markiert wird.

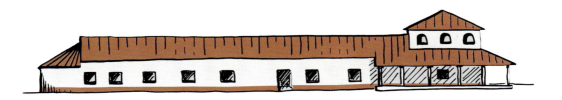

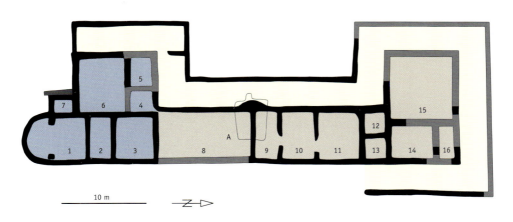

Abb. 5 Rekonstruierte Ansicht der Ostseite und der Grundriss des Risalitgebäudes (A: Kellergrube 40).
Maßstab 1:500.

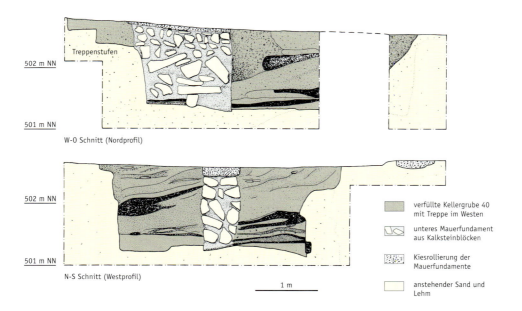

Abb. 6 Profilschnitte durch die Kellergrube 40 und die Fundamente des Risalitgebäudes. Maßstab 1:60.

Abb. 7 Modell der Villa, Ansicht der Ostseite.

sie überlagern (Abb. 5-6) sowie Grube 35, die auf eine durch Erosion verlorene Mauer Bezug nimmt (Abb. 2).

Nach dem Grundriss und verschiedenen Beobachtungen an den erhaltenen Mauerzügen und Fundamentresten lässt sich das Gebäude selbst rekonstruieren (Abb. 5, 7). Im Folgenden wird die Baugeschichte dieses Wohngebäudes zusammen mit der jeweils zugehörigen Ausstattung besprochen.

Ein herrschaftlicher Anfang - Die erste Anlage

Der großen Risalitvilla ging ein Wohngebäude voraus, von dem keine Baustrukturen mehr aufgefunden wurden. Dennoch lässt sich seine Existenz durch die Kellergrube 40 und deren Lageverhältnis zum Risalitbau erschließen. Diese Kellergrube, die noch manch neronische Keramik, eine bronzene Fibel sowie zwei Münzen enthielt und in frühflavischer Zeit (um 70 n. Chr.) zugeschüttet wurde, stellt, zusammen mit einem frühflavischen Brandgrab, den ältesten Befund „Am Fladerlach" dar. Die Grube liegt so unter dem steinernen Risalitbau, dass sie von zwei Mauern überlagert wird. Wie das Profil (Abb. 6) zeigt, reichen die Mauern bis auf die Sohle des zweifellos älteren Kellers. Unter dem Mauerfundament waren Holzkohlebänder festzustellen. Die Mauer wurde also direkt auf den hölzernen Kellerboden aufgesetzt. Es ist somit wahrscheinlich, dass zunächst die Mauern des Risalitbaues in dem Keller hochgezogen und anschließend die verbliebenen Hohlräume aufgefüllt wurden. Dabei wurde im Zuge der Bauarbeiten auch Bauschutt aus einem zu postulierenden Vorgängerbau zum Auffüllen verwendet. Wie dieser Keller in einen älteren (Holz?-)Bau integriert gewesen sein könnte ist nicht mehr zu klären, da aufgrund der Erosion an der Hanglage viele Bauspuren verloren sind. Es ist jedenfalls verwunderlich, dass man die Stelle des Kellers beim Neubau nicht ausgespart hat, sondern den erhöhten Bauaufwand mit tiefer (bei der tragenden Westwand auch verbreiterter) Fundamentierung nicht gescheut hat. Vermutlich hat also auch der Vorgängerbau an dieser Stelle gestanden und ist dann durch den Steinbau vollständig ausgelöscht worden. Offenbar wollte man die exponierte Lage an der Hochterrassenkante (und am Hohlweg?) nicht aufgeben.

Von dem ersten Gebäude an dieser Stelle sind 11 Stücke bemalten Putzes erhalten, die sich in Grube 40 fanden und damit bereits

Abb. 8 Hals einer Weinamphore aus Kellergrube 40 mit Pinselaufschrift. Höhe 18,6 cm.

Abb. 9 Bronzener Hockerbeschlag aus Friedberg (oben). Länge 23,5 cm.
Bronzehocker aus Pompeji (unten). Höhe 28,0 cm.

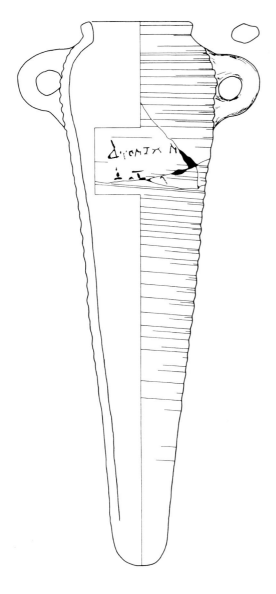

Abb. 10 „Möhrenamphore" mit griechischer Pinselaufschrift aus Kellergrube 40. Maßstab 1:3.

ersten Bewohner erkennbar geworden. Die Untersuchung der Tierknochenfunde ergab, dass man sich zunächst mit kleinen, einheimischen Rindern aus der Umgebung versorgte, nach italischer Sitte relativ viel Schweinefleisch und Weinbergschnecken aß und in Amphoren Wein aus Südgallien und wohl Datteln aus dem östlichen Mittelmeergebiet bezog. Offenbar konnten sich schon die ersten Römer an diesem Platz einen gewissen Wohlstand leisten.

Wir kennen aus dieser ersten Villa nur ein einziges Möbelstück, einen kleinen Hocker, der sich durch einen bronzenen Beschlag nachweisen läßt (Abb. 9). Der kleine Hokker, der rund 28 cm breit und etwa ebenso hoch war, gehört zu einem Typ des 1. Jahrhunderts, von dem es Exemplare aus dem Haus des Fabius Rufus in *Pompeji* und aus *Herculaneum*, aber auch aus anderen Orten Italiens und der Provinzen gibt[14]. Die geringe Größe des Möbels und seine kleine Auflagenfläche lassen auf einen Gebrauch als Fußhocker (*subsellium*) für Sessel und Tricliniumsliegen schließen.

Auf einen gehobenen Lebensstil deuten auch die Amphoren hin, die antike Einwegverpackung für Lebensmittel aller Art. Insgesamt fanden sich fünf Amphoren in Kellergrube 40. In einer nur fragmentiert erhaltenen Amphore wurde *passum*, (gekochter) süßer Wein, transportiert. Die kleine spitzkonische Amphore, Möhrenamphore genannt (Abb. 10 u. 33), trägt eine Pinselaufschrift[15]. Solche Amphoren haben eingelegte Früchte wie Datteln, Oliven und Feigen enthalten. Die Aufschrift, ein sog. *titulus pictus* ist in griechischer Schrift geschrieben. Den Anfang des Wortes DYONY[ ] kann man recht gut lesen. Vielleicht hat hier ein gewisser Dionysiou seinen Namen als Herstellernachweis für den Inhalt hinterlassen[16].

spätestens für frühflavische Zeit die Existenz eines ausgemalten Innenraumes beweisen.

Durch das Fundgut aus Grube 40 sind schlaglichtartig einige Lebensumstände der

Eine südgallischen Weinamphore, deren Hals sich erhalten hat, nennt in ihrer Pinselaufschrift den Inhalt und dessen Hersteller[17]: (VINUM) MAS(sicum) / VET(us) / (annorum) III (Abb. 8). Diese Aufschrift kann als „Wein aus Massicum, drei Jahre alt" gelesen werden. Die folgende, stark zerstörte Zeile hat den Namen des Transporteurs bzw. Händlers enthalten. Die senkrechte Zeile rechts davon mit großen Buchstaben TIT[..] ist ein später angebrachter Vermerk, der mit dem Handel zusammenhängt. Das schräge, eher flüchtig hingeworfene FIEN[..] schließlich ist wohl als Cognomen im Genitiv zu lesen. Im Vergleich mit ähnlichen Aufschriften auf anderen Amphoren dürfte es sich um eine Kontrolle beim Abfüllen handeln.

Nicht nur die Getränke, sondern auch manche Speisen waren durchaus luxuriös. Aus der Villa von Unterbaar kennt man eine Austernschale. Man darf sicher sein, dass auch in Friedberg Austern auf den Tisch gekommen sind. Sie gehörten regelmäßig zum Lebensstil wohlhabender Römer und wurden gut verpackt von der Mittelmeerküste importiert, so dass sie frisch, also lebend beim raetischen Käufer ankamen[18].

Der Personenkreis der Besitzer

Es ist bis heute nicht gelungen, den Bestattungsplatz der Villa zu entdecken. Nur zwei vereinzelte Gräber fanden sich in ihrem Umfeld: das bereits erwähnte einzelne frührömische Brandgrab und ein beigabenloses, undatierbares Körpergrab eines erwachsenen Mannes rund 40 m östlich des Hauptgebäudes (Abb. 2).

Das eher ärmlich ausgestattete Brandgrab liegt inmitten des großflächig ausgegrabenen vorgeschichtlichen Gräberfeldes „Am Bierweg" (Abb. 1). Das Grab war durch den Pflug im oberen Teil bereits zerstört. Die

Grabgrube enthielt einen als Urne anzusprechenden fundleeren grauen Topf, Scherben eines roten Topfes, eine einzelne Scherbe eines weiteren roten Topfes, eine bronzene Scharnierfibel sowie Reste von Eisennägeln[19] (Abb. 11). Unterhalb der Urne lagen konzentriert Leichenbrand und Holzkohle.

Die anthropologische Bestimmung ergab, dass der Leichenbrand von einer sicher erwachsenen, vermutlich männlichen Person stammt[20]. Den Beigaben nach wurde dieses Brandgrab in flavischer, wohl in frühflavischer Zeit angelegt.

Dieses einzelne Brandgrab rund 400 m südöstlich außerhalb des Hofareals stellt insofern einen bemerkenswerten Sonderfall dar, als es sich tatsächlich und gesichert um

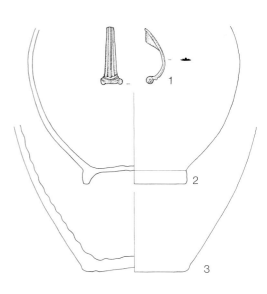

Abb. 11 Bronzefibel (1), Beigefäß (2) und Urne (3) aus dem flavischen Brandgrab. Maßstab 1:3.

[FLAVIUS] VETTIUS TI(TUS)

[DO]M(O) CL(AUDIA) SAVAR(IA) ADVOC(ATUS)

[F]ISCI RAETIC(I) EX TEST(AMENTO) IPSIU(S)

FL(AVII) QUINTILIANUS ET FORTUNATUS

LIBERT(I) ET HERD(ES) PATRON(O) OPTIM(O)

FECERUNT EX SESTERTIIS N(UMMIS) XIIII

VIX(IT) ANN(IS) XLVIIII

Flavius Vettius Titus
aus Claudia Savaria, Staatsanwalt bei der
Finanzbehörde der Provinz Raetien (liegt
hier begraben). Nach seinem Testament haben
seine Freigelassenen und Erben Quintilianus
und Fortunatus ihrem besten Herrn (dieses
Grabmal) gesetzt; es hat 14000 Sesterzen
gekostet. Er hat 49 Jahre gelebt.

Abb. 12 Grabstein des Flavius Vettius Titus aus Derching. Länge 0,90 m.

eines jener höchst seltenen „Einzelgräber"
handelt. Dieser „Grabtypus" ist bis heute
kaum bekannt und erforscht. Hin und wieder kommen bei der Freilegung ausgedehn-
ter Grabungsflächen solche Einzelgräber zum
Vorschein. Erst 1987 war bei den Untersu-
chungen im Umfeld des Reihengräberfeldes
von Steinheim (Stadt Dillingen a. d. Donau)
unter gleichen Bedingungen ein solches Ein-
zelgrab der mittleren Kaiserzeit beobachtet
worden.

Einen Hinweis auf den gesellschaftlichen
Hintergrund des Villenbesitzers liefert der
schon erwähnte Bronzehocker, der zum Mo-
biliar der ersten Anlage gehört hat. Er lässt

ahnen, dass es kein armer Mann war, der sich
hier an so herausragender Stelle einen Wohn-
sitz geleistet hat. Konkretere Informationen
über den sozialen Stand der Villenbesitzer
auf den besten Baulagen des Augsburger Umlandes liefert ein Grabstein aus Derching[21]
(Abb. 12). Er nennt einen hohen Staatsbe-
amten, dem von seinen Erben ein Grabmal
gesetzt worden war. Flavius Vettius Titus aus
Savaria war *advocatus fisci Raetici*, Staatsanwalt
bei der Finanzbehörde der Provinz Raetien
mit Dienstort Augsburg. Der Inschriften-
block seines Grabmales, ein Süßwasserkalk-
Tuffquader von 90 cm erhaltener Breite und
30 cm Tiefe, war in sekundärer Lage in der

alten Pfarrkirche St. Sebastian in Derching verbaut und wurde dort 1907 aus dem Fundament geborgen. Er steht heute in der Aussegnungshalle des neuen Friedhofes.

Flavius Vettius Titus stammte, wie die Inschrift besagt, aus der *Colonia Claudia Savaria* in der Provinz Pannonien (heute Szombathely in Westungarn) und war einer der höchsten Finanzbeamten in der raetischen Provinzverwaltung. Er wurde in der Nähe seines Landsitzes bestattet. Sein Grabmal könnte ein Pfeilerdenkmal gewesen sein, von dem der Inschriftenstein stammt. Sicherlich lagen sowohl seine Villa wie auch sein Grab im nächsten Umkreis von Derching auf dem Terrassenfirst. Von dort ist der Stein im Mittelalter verschleppt und im Kirchenfundament verbaut worden.

Ein anderer Grabstein, der diese Sozialstrukturen erhellt, war dem Gutsverwalter (*actor*) Catullinus gesetzt[22]. Er war Sklave eines Gutsbesitzers, vielleicht eines Mannes von gleichem Rang wie Flavius Vettius Titus. Der Stein aus Aufkirchen im Lkr. Fürstenfeldbruck datiert in das fortgeschrittene 2. oder frühe 3. Jahrhundert.

Die beiden Steine passen gut zu der exklusiven Lage und Ausstattung der Villen. Der repräsentative Charakter der Friedberger Anlage wird noch dadurch unterstrichen, dass die Villa offenbar von Anfang an keine Umfassungsmauer, keine Hofmauer besessen hat, die den Blick auf die Gebäude verstellt hätte.

Leben im Luxus - Die Risalitvilla

Das Risalitgebäude, das Wohngebäude der Villenanlage, wird durch die oben beschriebene Kellergrube 40 datiert. Es muss in frühflavischer Zeit errichtet worden sein. Dabei dürfte der zeitliche Abstand zwischen dem postulierten Vorgängerbau und dem Risalitbau aber nicht sehr groß sein.

Das Risalitgebäude selbst ist also jünger als Grube 40. Es ist aber auch älter als Grube 35, die an der (erodierten) Ostmauer anliegt. Da der Ostrand der Grube auf die Wand Bezug nimmt, muss diese bereits bestanden haben. Grube 35 ist bald nach Grube 40 zugeschüttet worden, sicher in flavischer, allenfalls in spätflavischer Zeit. Damit steht für den Bau selbst ein Errichtungsdatum gegen Ende des 1. Jahrhunderts fest.

Von dem Gebäude selbst wurden bei der Ausgrabung nur noch die untersten Lagen der Kiesfundamente angetroffen. In den tief fundamentierten Räumen des Nordrisalites konnten die Mauerzüge bis in 1,50 m Tiefe verfolgt werden (Abb. 13). Das aufgehende Mauerwerk muss aus Kalksteinen bestanden haben, von denen sich noch einige wenige Stücke in den Fundamentgräben fanden. Die übrigen waren dem Steinraub zum Opfer gefallen.

Bedingt durch diesen ungünstigen Erhaltungszustand lässt sich die einstige Zweckbestimmung der Räume nur zum Teil rekonstruieren. Verschiedene Baudetails lassen erschließen, dass sich im südlichen Risalit eine Badeanlage befunden haben muss. Kennzeichnend für solche Badetrakte bzw. Badegebäude römischer Villen sind Räume mit einer Apsis wie hier Raum 1 sowie die Anordnung der Räume zueinander.

In dem größten Raum 1 wird sich das *caldarium* (Warmwasserbad) befunden haben, in Raum 6 das *tepidarium* (lauwarmes Bad). Für das *frigidarium* (Kaltwasserbad) kommt Raum 3 in Frage, von dem aus drei Wassergräbchen mit leichtem Gefälle nach Süden wegführen. Dem Warmbaderaum 1 angegliedert ist der kleine Raum 7, in dem sich ein Wasserbecken befunden haben müsste, das

Abb. 13 Die Fundamente der Villa bei der Ausgrabung (Apsis und Raum 12).

von dem außerhalb liegenden *praefurnium* aus zu beheizen war. Von hier aus wurden auch die Räume 1, 3 und 6 durch eine Hypokaustanlage (Fußbodenheizung) erwärmt.

Von der reichen Innenausstattung der Baderäume haben sich noch einige Reste erhalten. In Raum 6 fanden sich außer den *tubuli* (Hohlziegeln) von der Heizungsanlage viele Mosaiksteinchen und bemalter Wandputz sowie ein Stuckfragment.

Dieses Bad entspricht in seiner Lage sogar den antiken Bauvorschriften des Vitruv, der in seinem Werk „De architectura" schreibt, dass die warmen und heißen Baderäume nach Süden oder besser nach Südwesten ausgerichtet sein sollen, damit sie zur Badezeit, die vom Mittag bis zum Abend reichte, von der Sonne erwärmt werden können.

Im Mitteltrakt des Gebäudes befindet sich sein größter Raum (Nr. 8), in dem man den Repräsentations- und Empfangsraum des Hausherren vermuten darf. Der angrenzende schmale Raum 9 kann als Zugang und Korridor gedient haben.

Die dem privaten Bereich vorbehalten

Räume werden sich im Nordrisalit befunden haben. Dieser Bauteil, der sich durch besonders tief fundamentierte Mauerzüge auszeichnet (0,5 bis 1,0 m tiefer als beim Südrisalit) wird deswegen und aufgrund des als Treppenhaus zu deutenden Raumes 16 zwei-

Abb. 14 Platte aus Amphibolitgneis von der Wandverkleidung. Länge 26,1 cm.

Abb. 15 Schwarz-weißer Mosaikboden aus der Villa von Unterbaar.

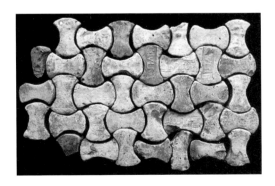

Abb. 16 Kleine doppelpeltaförmige Fussbodenziegel aus der Villa von Miedering.
Länge eines Ziegels 8,7 - 10,2 cm.

Abb. 17 Wandmalerei aus der Villa von Wulfertshausen.

geschossig rekonstruiert. Dabei waren im Erdgeschoss wohl die Räume 14 und 15 durch Hypokausten beheizbar.

Auch die Räume im nördlichen Risalit waren mit Wandmalerei und Mosaikböden ausgestattet. Dabei konnten bis auf einige wenige zusammenhängende Fragmente nur einzelne Mosaiksteine geborgen werden, dies allerdings in großen Mengen. Die wenigen zusammenhängenden Stücke aus Raum 16 lassen zwei Reihen aus schwarzen Steinen in einem weißen Feld erkennen. Die größte Menge an Mosaiksteinchen stammt aus Raum 6 im Badetrakt. Dabei waren auch einige rote, blaue, rosa-weiß-geäderte und eine Handvoll verbrannte Steine. Wie solche Mosaike ausgesehen haben können, zeigt ein Mosaikboden aus der Villa von Unterbaar (Abb. 15).

Eine andere Art der Bodengestaltung kennt man aus einer Villa bei Miedering (Lkr. Aichach-Friedberg). Hier wurden kleine doppelpeltaförmige Ziegelchen zu einem Boden in *opus spicatum* - Technik verlegt[23] (Abb. 16).

Ein einzelnes großes, graugrünes Steinplattenfragment[24] (Abb. 14), dessen eine Seite glatt poliert ist, während die andere deutliche Sägespuren aufweist, zeugt noch von der zumindest in einem Raum angebrachten Wandverkleidung oder von einem Bassin. Da auch Geschlägestücke aus demselben Gestein gefunden wurden, darf man annehmen, dass die Platten an Ort und Stelle passend zugeschlagen wurden. Sie fanden sich in der Grube 35, die noch im 1. Jahrhundert verfüllt wurde. Steinverkleidete Wände sind bislang nur aus wenigen Fundorten des Rheinlandes, dabei besonders aus der Umgebung von Köln und Trier bekannt.

Von der Wandmalerei haben sich nur kleine und kleinste Fragmente erhalten. Es gibt Stücke mit weiß-rosa-marmorierter Grundierung und hellgrünen und chromgelben

Abb. 18 Stuckgesims aus Corsier (Schweiz). Maßstab 1:2.

Spritzmustern sowie viele Stücke mit ocker-
farbener Bemalung auf glatter, harter Oberfläche, wobei manche Stücke unter der ok-
kerfarbenen Oberfläche Reste rosafarbener
Grundierung zeigen. Nur einzelne Fragmente tragen hellblaue, grüne und zitronengelbe
Farben. Ornamente ließen sich aufgrund der
geringen Größe der Fragmente kaum fest-
stellen, allenfalls war ein gelber Tropfen mit
aufgesetztem weißem Licht an einer Ranke
hängend zu erkennen. Dieser Befund erin-

Abb. 19 Stuckgesims aus Friedberg. Höhe 5,3 cm.

nert sehr an die beliebten Kandelaber, doch
lässt sich dies nicht weiter verfolgen. Auf rosa
grundierten Stücken sind Reste schwarzer
Bögen, vielleicht Ranken, zu erkennen. Auf
weißem Grund waren grüne ringförmige Bögen in Reihen gemalt. Man gewinnt den Ein-
druck, dass zumindest manche Partien über-
malt worden sind.

Besser erhaltene Wandmalereien gibt es in
den Villen von Unterbaar und Wulfertshau-
sen-Kegelbichl. Die Wandmalerei-Fragmente
aus Wulfertshausen (Abb. 17) weisen zwei
Partien einer Panneaux-Dekoration mit roten Feldern auf und dürften an der Wende
des 1. zum 2. Jahrhundert n. Chr. anzuset-
zen sein.

Ein besonders Fundstück ist das Stuckfragment aus Raum 6, eines der wenigen bekannten Stücke *opus albarium* (Abb. 19). Ähnliche Fragmente sind aus einer reichen Villa
bei Tittmoning (Lkr. Traunstein)[25] und aus
der Villa von Grenzach (Lkr. Lörrach)[26] bekannt. Ein einfaches Stuckgesims stammt aus
Augsburg[27], weitere Nachweise gibt es aus
dem Rheinland und dem Trierer Raum. Sie
sind jeweils mit Mosaikböden und Wandmalerei, meist auch mit marmorner Wandverkleidung vergesellschaftet. Diese Stuckleisten
bildeten den oberen Abschluss der Wände,
die darunter Malereien trugen. Bei den Titt-

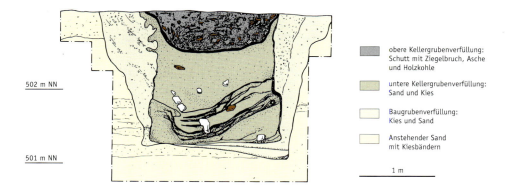

obere Kellergrubenverfüllung:
Schutt mit Ziegelbruch, Asche
und Holzkohle

untere Kellergrubenverfüllung:
Sand und Kies

Baugrubenverfüllung:
Kies und Sand

Anstehender Sand
mit Kiesbändern

502 m NN

501 m NN

1 m

Abb. 20 Profilschnitt durch Kellergrube A. Maßstab 1:50.

moninger Fragmenten ist die Übergangszone deutlich zu sehen. Das Friedberger Stück mit einer flachen Palmette über symmetrischen Ranken steht formal Fragmenten aus Teurnia[28] (Kärnten) und einer Villa des 1. und 2. Jahrhunderts aus Corsier bei Genf (Abb. 18) nahe[29].

Außenausstattung und Rekonstruktion

Aus dem ganzen Bereich der Villa, besonders aber aus dem nördlichen Areal stammen grobe Putzstücke, die weiß und braunrot bemalt sind. Ihre rauhe und feste Oberfläche lässt auf Außenputz schließen. Vermutlich war die Villa außen mit einem roten Sockel versehen.

Aufgrund der Grundfläche des Gebäudes konnte exemplarisch die Dachfläche berechnet werden und, daraus abgeleitet, die Menge der benötigten Dachziegel. Dies ergab eine Zahl von rund 6700 Tegulae und 7700 Imbrices. Um diese Menge herzustellen - so die Modellrechnung weiter - hätte der Ziegelofen der benachbarten römischen Ziegelei von Rohrbach mindestens dreimal gefahren werden müssen[30].

Das Erscheinungsbildes des Risalitgebäudes zeigt die Rekonstruktion anhand des Modells[31] (Abb. 7). Der Haupteingang liegt in der Mitte des Gebäudes. Für den Nordflügel wird aufgrund des tiefen Fundaments ein Obergeschoss angenommen (Abb. 5).

Zur Gesamtanlage der Villa gehört ein östlich des Hauptgebäudes gelegenes Nebengebäude, das einen Grundriss von 17,50 x 12,50 m aufweist (Abb. 2). Aufgrund seiner Orientierung, die annähernd parallel zum Wohngebäude ausgerichtet ist, ist es vermutlich dieser Bauperiode zuzuweisen und hat gleichzeitig mit ihm bestanden. Von seinem Verfall und seinem Abbruch stammt eine Schuttschicht römischer Dachziegel an seiner Südseite. Obwohl eine Raumaufteilung nicht zu erkennen war, darf man hier einen landwirtschaftlichen Zwecken dienenden Bau vermuten. Das luxuriöse Wohnhaus lässt allzu leicht vergessen, dass auch diese Villa ein landwirtschaftlicher Betrieb war, dessen Ertrag die Grundlage für den Wohlstand seines Besitzers bildete.

Aus der Bauzeit des Risalitgebäudes stammt auch die Verfüllung des Brunnens, der süd-

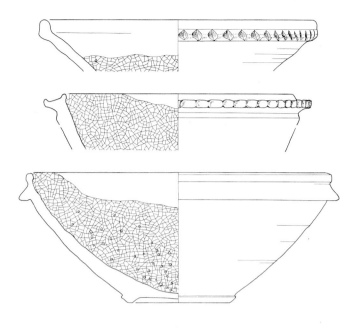

Abb. 21 Spätantike grünglasierte Reibschüsseln aus Stätzlinger und Rohrbacher Werkstätten. Maßstab 1:3.

lich des Gebäudes an der Hangkante lag und gegen Ende des 1. Jahrhunderts zugeschüttet wurde (Abb. 2). Etwas später, in der Mitte des 2. Jahrhunderts verfüllte man den zwischen dem Risalitgebäude und dem Nebengebäude liegenden Keller A (Abb. 20). Besonderheiten im Fundgut dieser Zeit sind nicht mehr nachzuweisen.

Nur noch zu erahnen: Die mittel-kaiserzeitliche Anlage jenseits des Hohlweges

Während bisher der Schwerpunkt der Besiedlung südlich des Hohlweges lag, wird er in der mittleren Kaiserzeit auf die nördliche Seite des Hohlweges verlegt. Hier fanden sich zwei fundreiche Komplexe, die Keller B und C (Abb. 2). Die Mauerfundamente und Estrichreste in diesem Bereich konnten zwar nicht näher gedeutet werden, da in diesem Bereich keine größeren Flächen aufgedeckt werden konnten und zudem die Baureste recht bruchstückhaft erhalten sind. Sie lassen aber erkennen, dass auch hier ein großes Gebäude gestanden haben muss.

Im einzelnen wurden drei parallele Mauerzüge, ein Estrichboden mit dem Rest eines Hypokaustpfeilers und ein weiteres Stück eines Estrichs erfasst. Die Befunde reichen für die Rekonstruktion eines Gebäudes nicht aus, doch sei bemerkt, dass die parallelen Fundamentzüge an die *porticus* der Risalitvilla erinnern. Auch weisen sie dieselbe Orientierung auf.

In dem Bereich nördlich des Hohlweges fanden sich mehr Hinweise auf Brandzerstörungen als am Hauptgebäude. So war anscheinend ein Brand die Ursache für die Füllung des Kellers B und vielleicht auch für die Zerstörung des hypokaustierten Raumes. Die parallelen Mauerfundamente wurden

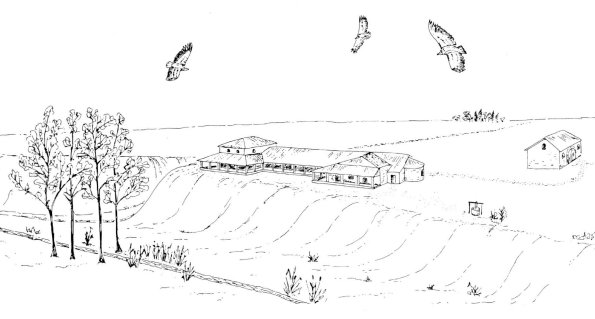

Abb. 22 Zeichnerische Rekonstruktion der Villa von Friedberg mit Blick nach Osten
auf das Wohngebäude und das zur Scheune ergänzte Nebengebäude.

nach der Verfüllung des Kellers B und damit später als das Hauptgebäude südlich des Hohlweges angelegt.

Der Bau bzw. die Bauten hier nördlich des Hohlweges sind mittelkaiserzeitlich, sicher nicht spätantik. Spätantike Funde liegen aus diesem Areal nicht vor.

Leben im Haus der Vorfahren? Die spätantike Villa

In der Spätantike ist dieser nördliche Teil wieder aufgelassen worden. Alle spätrömischen Funde stammen aus der unmittelbaren Umgebung des Risalitbaues, vor allem des Südrisalits, und aus der Verfüllung der alamannischen Gräber. Zwei sicher auch in diese Zeit gehörende Gruben lagen östlich des Hauptgebäudes (Abb. 2). Ob das Nebengebäude vielleicht in die Spätantike zu setzen ist, wie Grube 11 in seinem Innenraum ver-

muten lassen könnte, bleibt ungeklärt. Das Fundmaterial reicht nicht aus, um eine Siedlungskontinuität oder eine Siedlungslücke im 3. Jahrhundert zu belegen. Da keine weiteren Baumaßnahmen nachweisbar waren, wird der Risalitbau offenbar ohne größere Umbauten in der Spätantike genutzt.

Aus der Spätzeit der Villa im 4. Jahrhundert gibt es nur wenige Funde. Zum typisch spätantiken Fundgut gehören grünglasierte Reibschüsseln, die in der nahen Töpferei von Friedberg-Stätzling hergestellt worden sind (Abb. 21), eine aus Nordafrika importierte Sigillata Chiara-Schüssel und das Fragment eines beinernen Dreilagenkamms mit dreieckiger Griffplatte. Nach Ausweis der Münzen liegt das Ende der Villa offensichtlich am Ausgang des 4. Jahrhunderts. Durch einen Knochenfund ließ sich ein Gänsegeier (*Gyps fulvus*) nachweisen, der in der Spätantike seine Kreise über der Villa zog (Abb. 22).

Was die Bewohner zurückließen - Das Fundgut

Das bei den Ausgrabungen geborgene Fundgut beleuchtet viele Bereiche des täglichen Lebens auf dem römischen Landgut. Neben einer Hand voll Münzen gibt es persönliche Dinge wie Schmuck und Spielzeug, vielfältiges Tisch- und Küchengeschirr, Teile des Hausrats und eine Reihe von Werkzeugen, die zur Grundausstattung eines jeden großen wie kleinen Bauernhofes gehörten.

Die kleine Münzreihe[32] beginnt mit einem As des Tiberius oder Claudius für Divus Augustus, der in einer lokalen, provinzialen Münzstätte ca. 22/54 n. Chr. geprägt worden ist, und einem Dupondius des Caligula oder Claudius für Germanicus, geprägt ca. 37/54 n. Chr. in Rom. Diese beiden frühesten Münzen fanden sich in der Kellergrube 40. Der As stammt möglicherweise sogar aus einer raetischen Münzstätte. Münzen aus dem 2. Jahrhundert fehlen. Die vier Münzen des 3. Jahrhunderts und der 1. Hälfte des 4. Jahrhunderts sind z.T. durch langen Umlauf sehr abgegriffen. Es sind dies zwei Antoniniane des Gallienus (einer davon geprägt 259/268 n. Chr. in Rom), ein Antoninian aus dem Gallischen Teilreich (geprägt von Tetricus I. 270/273 n. Chr. in einer gallische Münzstätte), ein Nummus des Constantinus I. für Constantinus II. Caesar (geprägt in Arles 322/323 n. Chr.) und ein Nummus des Constantinus I. (geprägt 332/333 n. Chr. in Arles). Diese schlecht erhaltenen Stücke des 3. Jahrhunderts sind wohl kein Beleg für eine Besiedlung in dieser Zeit. Sie sind vermutlich erst im 4. Jahrhundert verloren worden. Auch die beiden jüngsten Münzen gingen noch im 4. und nicht erst im 5. Jahrhundert verloren:

Ein verbrannter Halbcentenionalis des Arcadius oder Honorius, geprägt ca. 388/402 n. Chr. in Aquileia, und ein Halbcentenionalis eines unbestimmten Kaisers (Valentinian II., Theodosius I., Arcadius oder Honorius), der ebenfalls ca. 388/402 n. Chr. geprägt worden ist.

Abb. 23 Bronzener Zügelring vom Pferdegeschirr. Höhe 6,9 cm.

An persönlichen Dingen der Villenbewohner hat man Schmuck und Toilettgerät gefunden: zwei bronzene Fibeln, sieben Nadeln aus Bein und eine steinerne Schminkplatte zum Anreiben von Salben (Abb. 24). Wohl als Amulett wurde das neolithische Einsatzbeil aus graugrünem Felsgestein aufgehoben[33]. Das kleine Sortiment der Knochenschnitzereien besteht aus Beinnadeln, einem Spielstein, der Knochenröhre eines

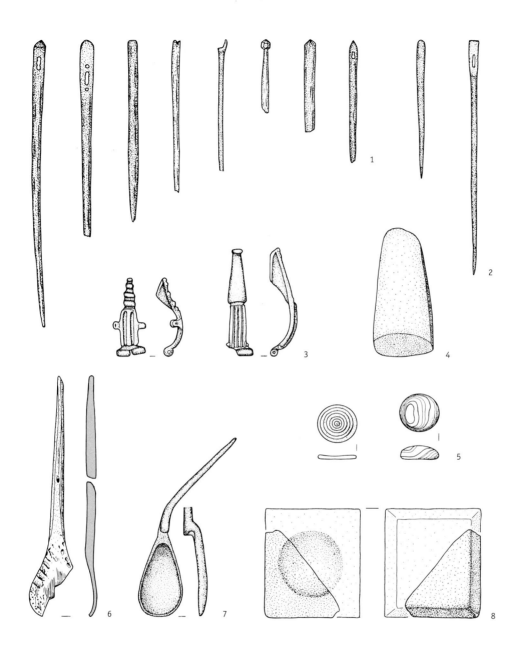

Abb. 24 1 Beinadeln, 2 Bronzenadeln, 3 Bronzefibeln, 4 Steinbeil, 5 Spielsteine aus Bein und Glas,
6 Beinlöffel, 7 Bronzelöffel, 8 Salbenplatte aus Stein. Maßstab 1:2.

Kästchenscharniers aus Rothirschgeweih[34] und einem Knochenring unbekannter Funktion aus einem Pferdehumerus. Der einfache Beinlöffel ist aus einem Pferdemittelfussknochen geschnitzt, wie die osteologische Untersuchung des Stücks ergab.

Zum römischen Haushalt gehörten auch technische Gerätschaften. Mehrere eiserne Messer, ein Hammer, eine Säge, eine Sense und verschiedene Haken und Scharniere sind unter dem Fundgut. Vom Geschirr eines Pferdewagens stammt ein bronzener Zügelring (Abb. 23). Die Abnutzungsspuren am höchsten Punkt des Ringes zeugen von seinem Gebrauch. Ähnliche Funde sind aus Trier[35] und der Alpenregion[36] bekannt.

Nicht der Arbeit sondern dem Kinderspiel dienten die beiden folgenden Fundstücke[37] (Abb. 25). Von einem tönernen Gliederpüppchen hat sich ein rechtes Ärmchen erhalten, das am Ellbogenansatz abgebrochen ist. Es war ursprünglich teilweise oder ganz elfenbeinfarben bemalt. Solche Gliederpuppen kennt man auch aus Holz und Bein. Ein Kinderspielzeug war wohl gleichfalls der kleine Terrakotta-Hahn. Er ist, wie in der Natur, an den Augen, an Kammansatz, Schnabellappen und Federkranz rot gefärbt.

Licht und Beleuchtung lieferten in der Römerzeit die Öllampen, von denen es in Friedberg drei Fragmente gibt. Von Bedeutung ist ein keramisches Lampenmodel, eine Form, mit der man Tonlampen durch Abformung hergestellt hat. Ob die Lampenfabrikation zu den Beschäftigungen in der Villa gehörte, lässt sich nicht mehr klären - es ist eher unwahrscheinlich. Schließlich benötigte man dazu außer den Modeln aufbereiteten Töpferton, einen Brennofen und die nötige Fingerfertigkeit und Erfahrung. Möglicherweise existierten Beziehungen wirtschaftlicher Art zu einem Töpfereibetrieb, und das Mo-

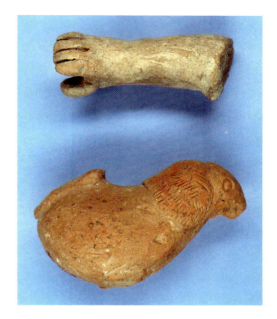

Abb. 25 Hahn und Arm eines Püppchens aus Terracotta. Höhe des Hahns 8,3 cm.

del gelangte auf diesem Wege in die Villa. Vergleichbare Stücke gibt es in der nahen Töpferei von Westheim[38].

Naturgemäß den Hauptanteil am Fundgut bildet das keramische Haushaltsgeschirr, das Teller, Schüsseln, Töpfe, Becher und Krüge umfasst (Abb. 26-28). Selten sind Glasgefäße und Lavetöpfe, die als Spezialgeschirr importiert worden sind. Bestens bekannt ist die römische Terra Sigillata, das typische Geschirr für den gedeckten Tisch (Abb. 26, 1-5). Reliefverzierte Becher und Schüsseln, glatte Teller und Reibschüsseln stammen aus südgallischen und später aus einheimischen Werkstätten. Aus Gallien importiert ist ein grünglasierter Becher des 1. Jahrhunderts, aus Italien kommen große Backteller, die sog. pompeianischen Platten. Ein grauer Faltenbecher ist rheinischer Herkunft (Abb. 26, 6).

Zum typisch raetischen Geschirrspektrum gehört Terra Nigra, ein glänzend schwarzes,

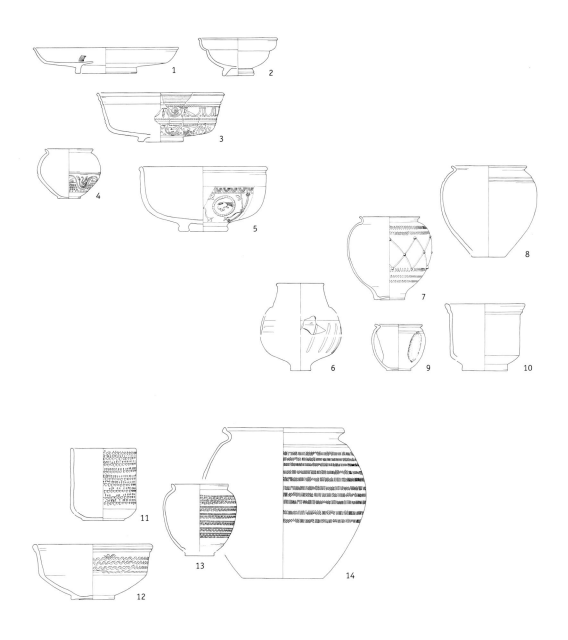

Abb. 26 1-5 Terra Sigillata aus Südgallien und Rheinzabern, 6 rheinischer Faltenbecher, 7 raetischer Becher, 9 engobierter Faltenbecher, 11-14 Terra Nigra mit Rollrädchendekor. Maßstab 1:6.

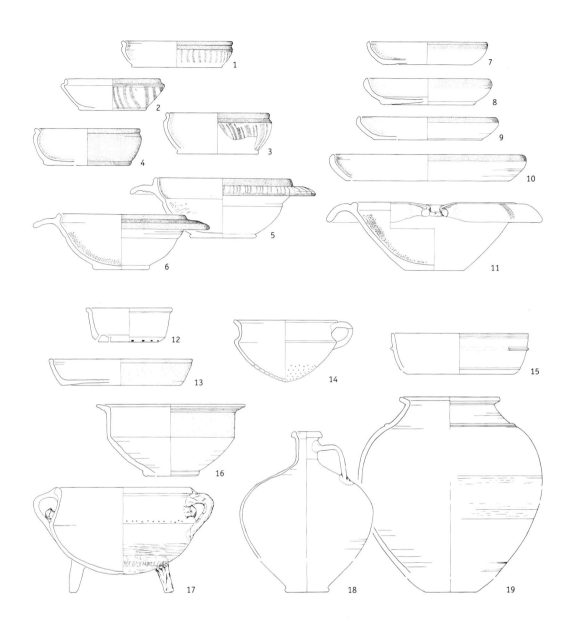

Abb. 27 1-11 rot engobierte Teller und Reibschüsseln mit Streifenbemalung und gestempelte Reibschüssel aus Schwabmünchen, 12 Käseform, 13 rauhwandiger Teller aus dem Rheinland, 14 Sieb, 15 Lavezteller, 16 braune Schüssel mit Horizontalrand, 17 dreibeinige Kochschüssel mit Henkeln und Griffknubben, 18 Krug, 19 schwarzer Vorratstopf. Maßstab 1:6.

Abb. 28 Zwei Töpfe und eine Terra Nigra - Schüssel mit Rollrädchendekor aus Kellergrube 40.

oft mit Rollrädchendekor verziertes Geschirr (Abb. 26, 11-14) und die rot engobierte Keramik. Sie wurde größtenteils in den Töpfereien von Schwabmünchen hergestellt. Hervorragendstes Produkt der Manufakturen in Schwabmünchen sind die auch in Friedberg vorhandenen raetischen Reibschüsseln mit engobiertem oder streifenbemaltem Kragen und die gestempelten Reibschüsseln ohne Überzug (Abb. 27, 1-11)[39]. Bei zwei Friedberger Exemplaren ist die Steinung der Innenfläche bis auf Reste unterhalb der Kehlung fast vollständig abgerieben, ein schöner praktischer Beleg für ihre Funktion als *mortarium* (Mörser), wie ein Graffito auf einer in Passau gefundenen Schüssel lautet[40].

Das Sortiment grauer Schüsseln und Henkeltöpfe, brauner Kochtöpfe und Schüsseln, sog. Honigtöpfe mit kleinen Henkeln und die Krüge fanden eher in der Küche als auf dem Tisch Verwendung. Die Reibschüssel als Universalküchengerät war dagegen überall in Gebrauch. Auch zur Vorratshaltung im Keller brauchte man keramische Gefäße. In großen handaufgebauten Dolien, fassartigen Gefäßen von rund 60 Litern Fassungsvermögen, wurden Vorräte gelagert.

Ein Spezialgeschirr stellen die Teller, Becher und Töpfe aus Lavez (Speckstein) dar. Sie wurden in der Schweiz hergestellt und als besonders hitzebeständiges Geschirr weit verhandelt. Der Abbau und die Verarbeitung des im alpinen Teil der Schweiz und Oberitaliens anstehenden Lavezgesteins war in römischer Zeit wohl auf die Umgebung von Chiavenna und das Wallis beschränkt. Ihre weiteste Verbreitung hatten Lavezgefäße im 4. Jahrhundert. Hier finden sie sich regelhaft und in großen Mengen in den befestigten Siedlungen und auch als Grabbeigabe.

Der römische Speisezettel - Tierhaltung und Ernährung

Zu einem römischen Landgut gehörten auch Tiere, das Nutzvieh eines landwirtschaftlichen Betriebes und die allgegenwärtigen Haustiere Hund und Katze. Um einen Überblick über die Tierhaltung und den Fleischkonsum zu gewinnen, wurden die bei den Ausgrabungen geborgenen Tierknochen tieranatomisch untersucht und bestimmt[41]. Durch einen Blick auf die zeitlich gestaffelten römischen Fundkomplexe lässt sich die Entwicklung der Tierhaltung und Fleischversorgung zumindest in Ansätzen nachzeichnen.

Zu Beginn der Besiedlung (Funde aus Grube 40) machte die Schweinehaltung etwa die Hälfte des Tierbestandes aus. Durch den größeren Fleischertrag der Rinder bestand der Speisezettel dennoch zu zwei Dritteln aus Rindfleisch. Trotzdem ist hier der Schweinefleischanteil mit einem Viertel recht hoch. Relativ hoch ist auch der Anteil der Hühnerknochen im Fundgut. Acht Gehäuse von Weinbergschnecken sind sicher zu den Speiseabfällen zu zählen und könnten zusammen mit dem relativ hohen Schweinefleischanteil auf einen gehobenen, „römischen" Lebensstil hinweisen. Schweinefleisch wurde von den römischen Köchen wie Apicius mehr geschätzt als Rindfleisch.

In dieser Frühphase der römischen Siedlung gleichen die Rinder in Größe und Statur noch den kleinen keltischen Rindern, wie sie aus dem Oppidum von Manching bekannt sind. Offensichtlich stammen die Knochen der ersten Friedberger Rinder von einheimischen Tieren[42].

Etwa eine Generation später am Ende des 1. Jahrhunderts hat sich das Bild gewandelt. An der kleinen Fundmenge der Knochen aus dem Brunnen darf man ablesen, dass nun fast ausschließlich Rindfleisch auf den Tisch kommt. Über die Hälfte des Viehbestandes sind jetzt Rinder und nur noch etwa ein Drittel Schweine. Die Rinder sind mittlerweile größer und entsprechen den aus anderen mittelkaiserzeitlichen Siedlungen bekannten römischen Tieren. Erwähnenswert ist der Nachweis eines Zugochsen, belegt durch einen Zehenknochen mit Periarthrose, einer degenerativen Erkrankung infolge von Überbelastung bei der Zugarbeit vor Pflug und Wagen.

Um die Mitte des 2. Jahrhunderts haben die Rinder nochmals erheblich an Größe zugenommen, wie die Knochenfunde aus Keller A zeigen. Es konnten Widerristhöhen von 1,30 m bis knapp 1,40 m errechnet werden. Damit entsprechen sie mittelgroßen bis großen Rindern. Die Fleischversorgung beruht nun fast ausschließlich auf Rindfleisch. Die Haltung von Schweinen, Schafen und Ziegen ist nur noch von untergeordneter Bedeutung.

Von Wildtieren liegen nur wenige Knochen vor. Nachweislich gejagt und gegessen wurden Rothirsch, Reh, Wildschwein und Hase. Ein Fuchsknochen stammt sicher aus römischer Zeit, der Schienbeinknochen eines Ures vermutlich auch, während der einzelne Knochen eines wildlebenden Hamsters wohl eher in das Mittelalter oder in die Neuzeit zu datieren ist.

Wohl in spätrömischer Zeit lebte ein Gänsegeier *(Gyps fulvus)* in der Nähe der Villa bzw. ihrer Ruinen (Abb. 29). Gänsegeier waren in vor- und frühgeschichtlicher Zeit nördlich der Alpen sehr viel weiter verbreitet als heute. Noch im 17. und 18. Jahrhundert brüteten sie auf der Schwäbischen Alb[43]. Heutzutage zieht der Gänsegeier nur gelegentlich durch das Gebiet nördlich der Alpen und hält sich im Sommer im südöstlichen Bayern auf. In den Hohen Tauern in Österreich übersommert regelmäßig eine Gruppe von Gänsegeiern. Der Gänsegeier, der ausschließlich Aas frisst, verlor seine Lebensgrundlage in den letzten Jahrhunderten dadurch, dass mit den zunehmenden hygienischen Maßnahmen verendetes Wild und Vieh schnell beseitigt wurde. Sein Auftreten an der Kante der Hochterrasse in Friedberg beruht auf seinen Biotopansprüchen. Der Gänsegeier ist ein Felsbrüter und sucht als Segelflieger Thermikaufwinde. Die 15 m hohe und an vielen Stellen steile Hangkante der Lechleite bot ihm offensichtlich gute Lebensbedingungen.

Abb. 29 Gänsegeier (*Gyps fulvus*)

Die Nachbarn - Römische Villen im Augsburger Umland

Kristallisationspunkt der Besiedlung des Lechtales war die raetische Provinzhauptstadt Augsburg - *Augusta Vindelicum* (Abb. 30). Von ihr aus führten drei Straßen nach Süden, darunter auch die *via Claudia Augusta*. Möglicherweise erst in der Spätantike wurde eine Straße von Augsburg ostwärts nach Stätzling mit einem zweiten Lechübergang bei der heutigen Brücke von Lechhausen eingerichtet. Eine weitere Fernstraße zum Kastell Oberstimm wird im Paartal vermutet.

Die Villen im Umland der Provinzhauptstadt *Augusta Vindelicum* zeichnen sich durch ihre regelhafte Lage auf den Kanten der Hochterrassen aus, die das Lechtal westlich und östlich begleiten. Weitere Villen liegen südlich von *Augusta Vindelicum* am Rande der Lößhochfläche zwischen Wertach und Lech, nur wenige innerhalb der Lechebene.

Die Friedberger Villa gehört zu den frühesten Siedlungsanlagen in der Umgebung von Augsburg. Ebenfalls Gründungen des 1. Jahrhunderts in dem noch dünn besiedelten Alpenvorland sind die Villen von Stadtbergen und Königsbrunn und die Dörfer (*vici*) Schwabmünchen - *Rapis* und Steindorf-Putzmühle. Wahrscheinlich sind diese ersten Niederlassungen von den Wirren der Jahre 69/70 mit betroffen worden. Zerstörungshorizonte in Augsburg, Kempten und Bregenz sind jeweils mit dem Jahr 69 in Verbindung gebracht worden. Man ist versucht, auch die Aufgabe der ersten Anlage „Am Fladerlach" (Kellergrube 40) mit diesem Ereignis in Zusammenhang zu bringen. Da sich

aber kein Hinweis auf Brandzerstörung in Friedberg fand, muss dies eine Vermutung bleiben.

In der Blütephase der römischen Besiedlung entstehen im Umfeld der Provinzhauptstadt eine Vielzahl von großen und kleinen Villen, einfachen Bauernhöfen und reichen Landgütern. Nach den Zerstörungen im 3. Jahrhundert bestehen in der Spätantike außer Friedberg noch die Villen von Unterbaar und Stadtbergen sowie das Mithraeum in Königsbrunn.

Die Risalitvilla - Ein klassischer Bautyp römischer Architektur

Die Friedberger Villa zeigt den klassischen Bautypus der Risalitvilla. Er ist in Reatien weit verbreitet, wobei es kleine wie große Risalitgebäude gibt. In einer Zusammenschau raetischer und einer norischen Risalitvilla[44] wird dieser Bautyp vorgestellt (Abb. 31).

Eine annähernd quadratische Grundform mit großem offenen Hof zeigen Oberndorf a. Lech (Lkr. Donau-Ries) (Abb. 31, 1), Holzhausen (Gde. Bergen, Lkr. Traunstein) (Abb. 31, 2) und Möckenlohe (Gde. Adelschlag, Lkr. Eichstätt) (Abb. 31, 3). Der rechte Seitenflügel ist dabei jeweils einfacher strukturiert als der linke, bei dem zur Hofseite hin ein oder mehrere Räume angegliedert sind und der Risalitraum eine halbrunde Apsis oder einen eckigen Anbau aufweist.

Eine rechteckige Grundform mit offenem Hof liegt den anderen Beispielen zugrunde: Zaitzkofen (Gde. Pfakofen, Lkr. Regensburg)

(Abb. 31, 4) und Treuchtlingen („Weinbergs-hof", Lkr. Weißenburg-Gunzenhausen) (Abb. 31, 5). Die Frontseite ist länger bei geringerer Tiefe, beide Seitenflügel sind ausgebaut und unterteilt. Ein Vertreter desselben Typs findet sich auch in Marktoffingen[45].

Als dritte Variante hat sich eine langrechteckige Grundform ohne Innenhof herauskristallisiert. Der Wirtschaftshof fällt weg (und wird durch separate Bauten ersetzt), dafür werden Repräsentationsräume in den Baukörper aufgenommen: Alburg (Gde. Straubing, Lkr. Straubing) (Abb. 31, 6), Friedberg (Lkr. Aichach-Friedberg) (Abb. 31, 7) und Unterbaar (Gde. Baar, Lkr. Aichach-Friedberg) (Abb. 31, 8). Die vorgestellten Beispiele gleichen sich auch in ihren Dimensionen, sie weisen Längen von ca. 48 bis 55 m auf. Am Ende dieser Entwicklung steht der palastartige Bau von Stadtbergen (Lkr. Augsburg) (Abb. 31, 9), der ausnahmsweise runde Eckrisalite hat. Solch prächtige Bauten, die auch mit entsprechendem Grundbesitz verbunden sind, finden sich nur im unmittelbaren Einzugsbereich großer Städte wie eben *Augusta Vindelicum* - Augsburg.

Ein auffälliges Baudetail ist die halbrunde Apsis, die auch schon die Villa von Möckenlohe zeigt. Dort gehört sie zu einem Risalit und bildet so einen eher repräsentativen Raum, der an Audienzhallen[46] erinnert. In Friedberg ist die Apsis offenbar Teil des Badetraktes, in Unterbaar bildet sie den Abschluss der langen *porticus*. Ähnliche Apsiden kennt man von den Villen in Neuburg und Westerhofen, wo eine kleine Apsis den Abschluss der querliegenden *porticus* bildet und die andere zu dem Raum mit dem Jagdmosaik gehört.

Dieser knappe Überblick über die verschiedenen Bauformen von Risalitvillen mag genügen, um Ciceros Bild eines *rus amoenum et suburbanum* nachzuzeichnen. Sein romantisch verklärtes Bild vom Landleben wurde so sicher nur für die Besitzer der Güter wahr und nicht für die Landarbeiter und Pächter der Höfe.

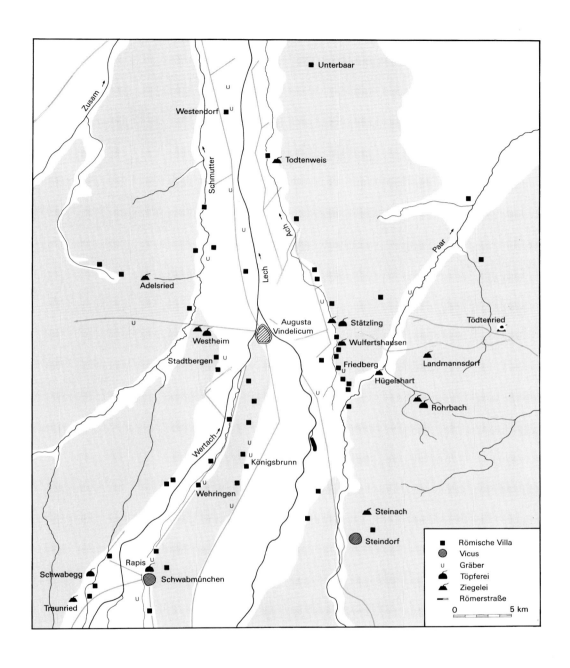

Abb. 30   Die römische Besiedlung im Umland der römischen Provinzhauptstadt *Augusta Vindelicum*-Augsburg.

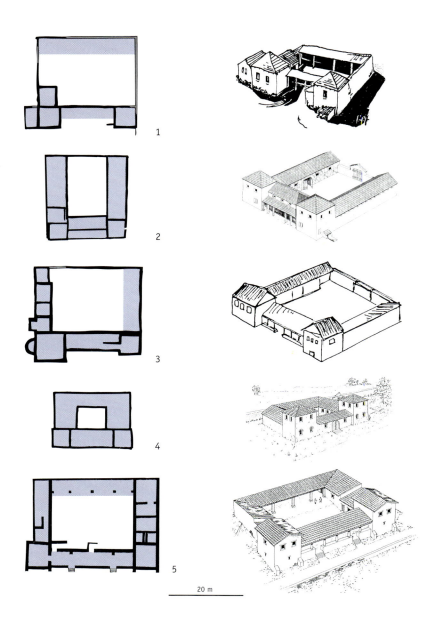

1

2

3

4

5

20 m

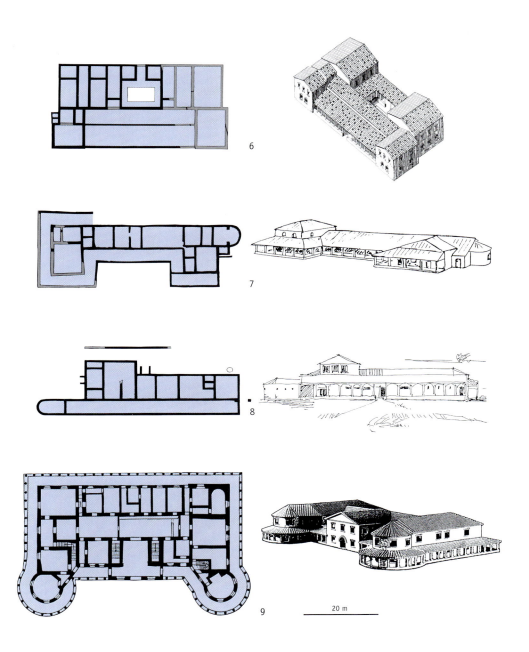

Abb. 31 Grundrisse und rekonstruierte Ansichten der Villen von Oberndorf a. Lech, Lkr. Donau-Ries (1),
Holzhausen, Lkr. Traunstein (2), Möckenlohe, Lkr. Eichstätt (3), Zaitzkofen, Lkr. Regensburg (4), Weinbergs-
hof, Lkr. Weißenburg-Treuchtlingen (5), Alburg, Lkr. Straubing (6), Friedberg, Lkr. Aichach-Friedberg (7),
Unterbaar, Lkr. Aichach-Friedberg (8), Stadtbergen, Lkr. Augsburg (9). Maßstab 1:1000.

Nach den Römern

Das Gelände der Villa bleibt nach Abzug der letzten Bewohner wüst und leer, der ehemals prächtige Bau verfällt. Erst in der zweiten Hälfte des 7. Jahrhunderts wird das Gelände wieder begangen. Eine adelige alamannische Familie legt hier etwa zwischen 670 und 700 n. Chr. eine kleine Nekropole an[47]. Dabei teilen sich die insgesamt 25 Gräber auf zwei ca. 40 Meter voneinander entfernte Bestattungsplätze auf (Abb. 2).

Die drei Gräber der nördlichen Gruppe am Nordrisalit der Villa waren beigabenlos. Südlich der römischen Ruine lag sehr nahe an der Hangkante eine zweite Gruppe mit 22 Gräbern, innerhalb derer sich sehr reich ausgestattete Gräber befanden. In einigen Männergräbern fanden sich Waffenbeigaben (Spatha, Sax, Lanze und Schild), daneben auch Reitzubehör wie ein Sporn, Steigbügel, eine Trense und Teile vom Sattel (Abb. 32).

Herausragend ist die Bestattung eines kleinen Mädchens, dem eine damals schon ca. 100 Jahre alte Bügelfibel und ein byzantinisches Pektoralkreuz aus Silber mitgegeben worden ist. Die unterschiedliche Ausstattung der beiden Grabgruppen ist auffällig. Offenbar zeigt die räumliche Separierung gleichzeitig auch eine soziale Differenzierung an.

Die Ruine der römischen Villa wird von den Alamannen offenbar nicht weiter genutzt, vielleicht sogar eher gemieden. Es gibt keinerlei Fundgut aus dem Villenschutt, das auf eine Benutzung der Räume im Mittelalter schließen lassen könnte.

Abb. 32 Doppelbestattung (Gräber 2 und 3) aus dem alamannischen Gräberfeld während der Ausgrabung.

Im Museum

Wiedererstanden ist die Villa im Heimatmuseum in Friedberg, in dessen archäologischer Abteilung sie einen wichtigen Platz einnimmt. Hier im nach langer Renovierung im Jahr 1982 wiedereröffneten Museum im Schloss ist ein großer Raum im Obergeschoss der Vor- und Frühgeschichte gewidmet.

Römische Funde sind in insgesamt fünf Vitrinen ausgestellt. Dabei stammt ein großer Teil aus den Ausgrabungen der Villa „Am Fladerlach", vor allem von den Keramikgefäßen und den bronzenen Kleinobjekten.

Ergänzt werden diese Funde durch Stükke aus anderen Villen und Fundplätzen der Umgebung. Dabei ist neben vielerlei Schmuck und diversen Gerätschaften wie dem Hockerbeschlag (Abb. 9) die kleine Statuette einer Minerva aus Steindorf besonders zu erwähnen.

Eine Karte des römischen Weltreiches zeigt Handels- und Importwege von Waren des täglichen Lebens und Luxusgütern. Dazu gehören die verschiedenen Arten der Terra Sigillata aus Südfrankreich oder Nordafrika sowie das Specksteingeschirr aus den Alpen.

Eine Vitrine zeigt Funde und Rekonstruktionen zum Thema „Römisches Bauwesen". Hier sind Fragmente von Fenstergläsern, Baubeschläge und Eisenwerkzeuge ausgestellt. Die typischen Dachziegel *tegula* und *imbrex* sowie Ziegel für die Fußbodenheizung sind originalgetreu zusammengestellt. Hier finden sich auch die kleinen Fussbodenziegelchen aus Miedering (Abb. 16). Auf einer Tafel sind verschiedene Wandmalereifragmente aus Villen der nächsten Umgebung montiert. Sie lassen die Vielfalt und Farbigkeit römischer Wandgestaltung erahnen.

Eine eigene Vitrine ist den im Friedberger Landkreis liegenden spätrömischen Töpfereien und Ziegeleien in Stätzling und Rohrbach gewidmet, die ihre charakteristische grünglasierte Ware auch an die Friedberger Villenbewohner geliefert haben.

Den Abschnitt „Römerzeit" beschließt das schon erwähnte Modell der Villa „Am Fladerlach" (Abb. 7). Es leitet zur Abteilung „Frühes Mittelalter" über, in der die Beigaben aus den alamannischen Gräbern im Umkreis der Villa gezeigt werden.

Abb. 33 Weinamphore und „Möhrenamphore" (rechts) im Friedberger Heimatmuseum.

Anmerkungen

[1] 100 Jahre Heimatmuseum im Schloß Friedberg/Bayern, hrsg. von der Stadt Friedberg (Friedberg 1986) 132-136.

[2] Zur Vorgeschichte allgemein H. Stickroth, Vorgeschichte. In: Stadtbuch Friedberg Bd. 1 (Friedberg 1991) 43-67; St. Wirth, Grabfunde der späten Bronzezeit und der Urnenfelderzeit von Augsburg-Haunstetten und Friedberg i. Bay. Ein Beitrag zur vorgeschichtlichen Besiedlung des unteren Lechtals. Augsburger Beiträge zur Archäologie 1 (Augsburg 1998).

[3] Zeitschr. Hist. Ver. Schwaben 72, 1978, 55-57 (R. Christlein); R. Christlein, Besitzabstufungen zur Merowingerzeit im Spiegel reicher Grabfunde aus West- und Süddeutschland. Jahrb. RGZM 20, 1973, 147-180, bes. 169f.; ders., Römische Villa urbana und Adelsgrablege des frühen Mittelalters von Friedberg bei Augsburg. Kölner Römer-Illustrierte 2 (1975) 227; R. Christlein, Die Alamannen (Stuttgart 1978) 143.

[4] Zuletzt M. Trier, Zur frühmittelalterlichen Besiedlung Friedbergs und seines näheren Umlandes. In: Stadtbuch Friedberg Bd. 1 (Friedberg 1991) 90-98; Kat. Nr. 4.

[5] R. Koch, Keramik des frühen und hohen Mittelalters aus Bayerisch-Schwaben. In: W. Endres, W. Czysz u. G. Sorge, Forschungen zur Geschichte der Keramik in Schwaben. Bayer. Landesamt f. Denkmalpflege, Arbeitsheft 58 (1993) 119-128, bes. Abb. 2-3.

[6] Zeitschr. Hist. Ver. Schwaben 72, 1978, 60.

[7] Abgebildet in W. Czysz und G. Sorge, Im Hinterhof der römischen Villa von Friedberg, Landkreis Aichach-Friedberg, Schwaben. Das archäol. Jahr in Bayern 1990 (1991) 94-97 Abb. 67.

[8] Insgesamt wurde vom 7. 5. 1973 bis zum 9. 10. 1973 eine Fläche von rund 2170 qm untersucht. - Angezeigt in W. Czysz und G. Krahe, Ausgrabungen und Funde in Bayerisch-Schwaben 1977. Zeitschr. Hist. Ver. Schwaben 72, 1978, 40-42; K. Schwarz, Jahresber. Bayer. Bodendenkmalpflege 15/16, 1974/75 (1977) 236 f.

[9] Durch Bauarbeiten veranlasst wurde vom 17. 8. 1989 bis 2. 4. 1990 eine Fläche von ca. 1750 qm ausgegraben. - W. Czysz und G. Sorge, Im Hinterhof der römischen Villa von Friedberg, Landkreis Aichach-Friedberg, Schwaben. Das archäol. Jahr in Bayern 1990 (1991) 94-97.

[10] Ausgrabung durch Fa. PLANAteam (P. Haller), München, vom 12. 6. - 6. 9.1995.

[11] Vgl. A. Zeeb, Ein „Herrensitz" der Hallstattzeit in Baldingen, Stadt Nördlingen, Landkreis Donau-Ries, Schwaben. Das archäol. Jahr in Bayern 1992 (1993) 69-71.

[12] Eine erste Präsentation der Befunde und einiger Funde in der Ausstellung „Die Römer in Schwaben": W. Czysz, Vornehme Landhäuser der Provinzaristokratie. In: Die Römer in Schwaben (Augsburg 1985) 164-166. - ders., Die römische Kaiserzeit. In: Stadtbuch Friedberg Bd. 1 (Friedberg 1991) 68-89, bes. 76-81. - Zuletzt G. Sorge, Die römische Villa suburbana von Friedberg bei Augsburg. Bayer. Vorgeschichtsblätter 64 (1999) 195-326.

[13] I. Schaefer, Die geographische und geologische Struktur des Kreises. In: Der Land-

kreis Friedberg, hrsg. vom Landkreis Friedberg (Friedberg 1967) 25-46. - H. Haunschild
und H. Jerz (Hrsg.), Erläuterungen zur geo-
logischen Karte von Bayern 1:500000 (München 1981) 88-95, bes. 88.

[14] J. Overbeck und A. Mau, Pompeji in seinen Gebäuden, Alterthümern und Kunst-
werken (Leipzig 1884) 425 f. mit Fig. 226;
vgl. auch G. Sorge, Die römische Besiedlung
im Umland der Provinzhauptstadt Augusta
Vindelicum-Augsburg. In: Bauern in Bayern.
Kat. Gäubodenmuseum Straubing 1992
(Straubing 1992) 70 Abb. 12. - Pompeji wiederentdeckt. Ausstellungskatalog Stuttgart/
Hamburg (Rom 1993) 172 f., Kat. Nr. 56-57.

[15] Die Amphore war in der Landesausstellung „Die Römer zwischen Alpen und Nordmeer" in Rosenheim 2000 in der Inszenie-
rung einer römischen Küche ausgestellt: Die
Römer zwischen Alpen und Nordmeer, hrsg.
von L. Wamser, Ch. Flügel und B. Ziegaus.
Schriftenreihe der Archäol. Staatssammlung
München 1 (Mainz 2000) 346.

[16] Die Lesung wird Prof. Dr. Stefanie Mar-
tin-Kilcher, Bern, verdankt.

[17] Die Lesung wird Prof. Dr. Stefanie Mar-
tin-Kilcher, Bern, verdankt.

[18] G. E. Thüry, Römische Austernfunde in
der Schweiz, im rechtsrheinischen Süddeutschland und in Österreich. In: J. Schibler,
J. Sedlmeier und H. Spycher (Hrsg.), Beiträge zur Archäozoologie, Archäologie, Anthro-
pologie, Geologie und Paläontologie. Festschrift für Hans R. Stampfli (Basel 1990)
285-301.

[19] Bayer. Vorgeschichtsblätter Beih. 5,
1992, 112. Dazu auch W. Czysz und G. Sorge, Im Hinterhof der römischen Villa von
Friedberg, Landkreis Aichach-Friedberg,
Schwaben. Das archäol. Jahr in Bayern 1990
(1991) 96. Verbleib: Heimatmuseum Friedberg.

[20] Die anthropologische Untersuchung
wird Dr. Peter Schröter, Anthropologische
Staatssammlung München, verdankt.

[21] F. Vollmer, Inscriptiones Baivariae Ro-
manae (München 1915) 56 Nr. 176; W. Czysz,
Die römische Kaiserzeit. In: Stadtbuch
Friedberg Bd. 1 (Friedberg 1991) 80 f.

[22] J. Garbsch, Zu neuen römischen Funden aus Bayern, 2. Ein neuer Grabstein aus
Raetien. Bayer. Vorgeschichtsblätter 40,
1975, 89-93. Abgebildet auch in J. Garbsch,
Römischer Alltag in Bayern. Das Leben vor
2000 Jahren. 125 Jahre Bayer. Handelsbank
München 1869-1994 (München 1994) 296.

[23] J. Garbsch, Ein römischer Ziegelfuß-
boden in opus spicatum aus dem Umland
der Provinzhauptstadt Augsburg. Bayer.
Vorgeschichtsblätter 51, 1986, 431 f., Taf. 17;
W. Czysz in: W. Czysz und W. Endres, Archäologie und Geschichte der Keramik in
Schwaben. Neusäßer Schriften 6 (Neusäß
1988) 255 Kat. 410.

[24] Nach der Dünnschliffanalyse durch Prof.
Dr. E. Flügel (Institut für Paläontologie der
Universität Erlangen-Nürnberg), für die ich
herzlich danke, handelt es sich um Amphibolitgneis, der als Geröll überall in den Alpen vorkommt, als abbaufähiges Baumate-
rial in den Hohen Tauern und in Böhmen.
Vermutlich stammen die Friedberger Stükke aus dem Gebiet der Hohen Tauern südlich von Salzburg. Dass Handwerker aus der
Region von Salzburg-*Iuvavum* an der Innen-
architektur der Villa beteiligt waren, erscheint
auch aufgrund des Stucks denkbar, muss
aber unbewiesen bleiben.

[25] E. Keller, Die römische Vorgängersied-
lung von Tittmoning, Ldkr. Traunstein.
Jahresber. Bayer. Bodendenkmalpflege 21,
1980, 94-137, bes. 100 mit Anm. 10 und Abb.
5.

[26] G. Fingerlin in: P. Filtzinger, D. Planck

43

und B. Cämmerer (Hrsg.), Die Römer in Baden-Württemberg (Stuttgart 1986) 303-305 Abb. 143; ders., Große römische Gutshöfe im Klettgau und im westlichen Hochrheintal. Archäol. Nachrichten aus Baden 43, 1990, 3-20, bes. 17 ff.

[27]K. Parlasca, Römische Wandmalereien in Augsburg. Materialh. Bayer. Vorgeschichte 7 (Kallmünz 1956) Taf. 8,1.

[28] Ausgrabungsmuseum Teurnia, freundl. Hinweis Dr. Ch. Flügel, München. Abguss im Lichthof der Archäologischen Staatssammlung München.

[29] W. Deonna, Décoration murale de Corsier. Anz. Schweiz. Altkde N.F. XXI, 1919, 85-87, Abb. 2; auch abgebildet in G. Sorge, Die römische Besiedlung im Umland der Provinzhauptstadt Augusta Vindelicum-Augsburg. In: Bauern in Bayern. Kat. Gäubodenmuseum Straubing 19 (Straubing 1992) 57-78, bes. 66 Abb. 8.

[30] W. Czysz in: W. Czysz und W. Endres, Archäologie und Geschichte der Keramik in Schwaben. Neusäßer Schriften 6 (Neusäß 1988) 258 Kat. 411.

[31] Modell E. Högg (Thierhaupten), heute im Heimatmuseum Friedberg. Ein anderes Modell steht im Aichacher Zweigmuseum der Archäologischen Staatssammlung.

[32] Die Bestimmung der Münzen wird Prof. Dr. Bernhard Overbeck, Staatl. Münzsammlung München, verdankt.

[33] Vergleichbare Fundumstände bei einem neolithischen Steinbeil aus einer römischen Darre in Rogging: Th. Fischer, Das Umland des römischen Regensburg. Münchner Beiträge z. Vor- und Frühgeschichte 42 (München 1990) Taf. 216, A6; vgl. auch G. Gallay, Metallzeitliche Steingerätfunde aus Südwestdeutschland und dem Elsaß. Antike Welt 15, 1984, 33-40.

[34]F. Fremersdorf, Römische Scharnierbän-der aus Bein. In: Serta Hoffilleriana (Zagreb 1940) 321-337. - E. Schmid, Beindrechsler, Hornschnitzer und Leimsieder im römischen Augst. Provincialia, Festschrift für R. Laur-Belart (Basel 1968) 185-197.

[35] R. Schindler, Führer durch das Landesmuseum Trier (Trier 1980) Abb. 130.

[36] J. Garbsch, Mann und Ross und Wagen. Ausstellungskat. Prähist. Staatssammlung 13 (München 1986) 66 f.

[37] M. Fittà, Spiele und Spielzeug in der Antike (Stuttgart 1998) 54-57 (vgl. dazu die Rezension von U. Schädler in: Antike Welt 31, 2000, 361 f.). - Die Würfel sind gefallen. Spiele und Spielzeug im alten Rom. Kat. Ausstellung Mannheim/Trier 2000 (Mailand 2000).

[38]W. Czysz, Modeltöpfer in der römischen Ziegelei von Westheim bei Augsburg. In: Forschungen zur provinzialrömischen Archäologie in Bayerisch-Schwaben (Augsburg 1985) 147-196, bes. Abb. 10-15 (ohne Henkel); ders. in: W. Czysz und W. Endres, Archäologie und Geschichte der Keramik in Schwaben. Neusäßer Schriften 6 (Neusäß 1988) Kat.-Nr. 55-56.

[39] G. Sorge, Die Keramik der römischen Töpfersiedlung Schwabmünchen. Diss. München 1999 (im Druck). - W. Czysz, Neues aus dem alten Schwabmünchen. 20 Jahre Ausgrabungen im römischen Töpferdorf (Friedberg 1999). - W. Czysz und G. Sorge, Das römische Töpferdorf Rapis bei Schwabmünchen. In: Die Römer zwischen Alpen und Nordmeer. Schriftenreihe Archäol. Staatssammlung 1 (Mainz 2000) 142-144.

[40]Bayer. Vorgeschichtsblätter Beih. 3, 1990, 94 mit Abb. 76,1-2: „[...]MIT MORTARIUM * S". Lesung durch H. Wolff: XY kaufte die Reibschüssel für einen halben Denar. Farbabb. in: Die Römer zwischen Alpen und Nordmeer. Schriftenreihe Archäol. Staatssamm-

lung 1 (Mainz 2000) 434 Kat. 246 a. - Vgl. auch D. Baatz, Reibschale und Romanisierung. In: Rei Cretariae Romanae Fautorum Acta XVII/XVIII, 1977, 147-158.

[41] Die Bestimmung der Tierknochen erfolgte am Institut für Paläoanatomie, Domestikationsforschung und Geschichte der Tiermedizin in München, wo ich Prof. Dr. Angela von den Driesch und Prof. Dr. Joris Peters für ihre Hilfe danke. Prof. Dr. Joachim Boessneck bestimmte die Vogelkochen. Grundlegend jetzt J. Peters, Römische Tierhaltung und Tierzucht. Eine Synthese aus archäozoologischer Untersuchung und schriftlich-bildlicher Überlieferung. Passauer Universitätsschr. z. Archäologie 5 (1998).

[42] Vgl. G. E. Thüry, Antike Textzeugnisse über kleinwüchsige Rinder im Alpengebiet und im freien Germanien. In: H.-M. von Kaenel und M. Pfanner (Hrsg.), Tschugg - Römischer Gutshof Grabung 1977 (Bern 1980) 102-104.

[43] W. Wüst, Avifauna Bavariae, Bd. I. Die Vogelwelt Bayerns im Wandel der Zeit (München 1982) 366 f. - E. Schüz, Der Geierstein in der Schwäbischen Alb als einstige Lebensstätte des Weißkopfgeiers *(Gyps fulvus)*. Jahresh. Ver. vaterl. Naturkunde Württemberg 118/119, 1964, 399-426. - Vgl. auch H.-M. Piehler, Knochenfunde von Wildvögeln aus archäologischen Grabungen in Mitteleuropa (Zeitraum: Neolithikum bis Mittelalter). Diss. med. vet. München (1976) 50 f.

[44] Zu raetischen Villen W. Czysz, K. Dietz, T. Fischer und H.-J. Kellner, Die Römer in Bayern (Stuttgart 1995) 214-238, bes. 221 f.

[45] ebd. Abb. 40.

[46] a. a. O. 222; auch bei der Weißenburger Villa „Augenschaftsfeld" (Das archäol. Jahr in Bayern 1985, 106 f.), die im Grundriss Möckenlohe sehr ähnlich ist.

[47] M. Trier, Die frühmittelalterliche Besiedlung des unteren und mittleren Lechtales nach archäologischen Quellen. Diss. phil. Bonn 1990, 76-82. ders., Die frühmittelalterliche Besiedlung des Lechtales im Spiegel der archäologischen Quellen. In: W. Pötzl/O. Schneider (Hg.), Vor- und Frühgeschichte. Archäologie einer Landschaft. Der Landkreis Augsburg Band 2 (Augsburg 1996).

Literaturhinweise

Allgemein

Die Römer in Schwaben. Jubiläumsausstellung 2000 Jahre Augsburg. Arbeitshefte des Bayer. Landesamtes für Denkmalpflege 27 (München 1985).

W. Czysz, K. Dietz, T. Fischer und H.-J. Kellner, Die Römer in Bayern (Stuttgart 1995).

Die Römer zwischen Alpen und Nordmeer. Katalog-Handbuch zur Landesausstellung in Rosenheim. Schriftenreihe Archäol. Staatssammlung 1 (Mainz 2000).

Historische Karten

W. Czysz, Die Eroberung des bayerischen Alpenvorlandes durch die Römer 15 vor Chr. und die Provinz Raetien bis zum Ende des 1. Jahrhunderts nach Chr. Historischer Atlas von Bayerisch-Schwaben, 2. Aufl., hrsg. von H. Frei, P. Fried und F. Schaffer; 3. Lief. (Augsburg 1990) Karte III, 6 A.

W. Czysz, Die mittlere römische Kaiserzeit bis an den Beginn des 3. Jahrhunderts nach Chr. Historischer Atlas von Bayerisch-Schwaben, 2. Aufl., hrsg. von H. Frei, P. Fried und F. Schaffer; 4. Lief. (Augsburg 1998) Karte III, 6 B.

W. Czysz, Die spätrömische Kaiserzeit, 3.-5. Jahrhundert nach Chr. Historischer Atlas von Bayerisch-Schwaben, 2. Aufl., hrsg. von H. Frei, P. Fried und F. Schaffer; 3. Lief. (Augsburg 1990) Karte III, 6 C.

Römische Regionalgeschichte

W. Czysz, Die römische Kaiserzeit. In: Stadtbuch Friedberg Bd. 1 (Friedberg 1991) 68-89, bes. 76-81.

W. Czysz, Das Umland von Augsburg in der römischen Kaiserzeit. In: W. Pötzl und O. Schneider, Vor- und Frühgeschichte. Archäologie einer Landschaft. Der Landkreis Augsburg Bd. 2 (Augsburg 1996) 203-266.

G. Sorge, Die römische Besiedlung im Umland der Provinzhauptstadt Augusta Vindelicum-Augsburg. In: Bauern in Bayern. Kat. Gäubodenmuseum Straubing Nr. 19 (Straubing 1992) 57-78.

Provinzhauptstadt Augsburg

L. Bakker, Augusta Vindelicum. Augsburgs Weg vom römischen Garnisonsort zur Hauptstadt Raetiens. In: Die Römer zwischen Alpen und Nordmeer. Katalog-Handbuch zur Landesausstellung in Rosenheim. Schriftenreihe Archäol. Staatssammlung 1 (Mainz 2000), 88 - 94.

L. Bakker, Zur Topographie der Provinzhauptstadt Augusta Vindelicum. In: Geschichte der Stadt Augsburg von der Römerzeit bis zur Gegenwart, hrsg. von G. Gottlieb u.a. (Stuttgart ²1985) 41 - 50.

L. Bakker, Siedlungsgeschichte und Archäologie in Augusta Vindelicum/Augsburg. In: Augsburger Stadtlexikon, hrsg. von G. Grünsteudel u.a. (Augsburg ²1998) 29 - 38.

Villa von Friedberg

G. Sorge, Die römische Villa suburbana von Friedberg bei Augsburg. Bayer. Vorgeschichtsblätter 64 (1999) 195-326.

Villa von Unterbaar

B. Kainrath, Die römische Villa von Unterbaar. Bayer. Vorgeschichtsblätter 63, 1998, 111-162.

Villa von Stadtbergen

F. Reutti, Eine römische Villa suburbana bei Stadtbergen, Ldkr. Augsburg. Bayer. Vorgeschichtsblätter 39, 1974, 104-126.

W. Maurer, Neue Funde auf dem Gelände der „Villa Suburbana" südlich Stadtbergen am „Lauschberg", südlich der Flur „Sommerkeller". Heimatver. Lkr. Augsburg Jahresber. 1977, 51-54.

W. Maurer, in: Zeitschr. Hist. Ver. Schwaben 72, 1977, 52.

O. Schneider, Stadtbergen, Rettungsgrabung unter der „villa suburbana". Heimatver. Lkr. Augsburg Jahresber. 1980/81, 52-61.

Zeitschr. Hist. Ver. Schwaben 76, 1982, 42-45.

G. Gottlieb, Stadtbergen in römischer Zeit. In: G. Gottlieb und W. Pötzl (Hrsg.), Geschichte der Marktgemeinde Stadtbergen. Stadtbergen - Leitershofen - Deuringen (Stadtbergen 1992) 41-56.

Villa von Königsbrunn

B. Overbeck, Münzfunde aus der Villa von Königsbrunn. In: Die Römer in Schwaben (München 1985) 277-283.

B. Overbeck, Münzfunde aus der römischen Villa von Königsbrunn, Ldkr. Augsburg. In: Forschungen zur provinzialrömischen Archäologie in Bayerisch-Schwaben, hrsg. v. J. Bellot, W. Czysz und G. Krahe (Augsburg 1985) 281-300.

Bildnachweis

Abb. 1, 4, 10-11, 14, 21-22, 24, 26-27, 30, 31,3 (Ansicht), 31,7 (Ansicht), 33: G. Sorge

Abb. 2, 5, 6, 20, 31: G. Sorge/V. Babucke

Abb. 3: Bayer. Staatsarchiv, Abt. Kriegsarchiv (BS N 34/29)

Abb. 7: Heimatmuseum Friedberg (H. Beil)

Abb. 8, 16: Archäologische Staatssammlung München (M. Eberlein).

Abb. 9 oben, 12 (W. Czysz), 13, 15, 19 (W. Czysz), 31,1 (W. Czysz), 31,3 (Grundriss), 31,7 (Grundriss, W. Czysz), 31,8 (W. Czysz), 32: Bayer. Landesamt für Denkmalpflege.

Abb. 9 unten: nach: Pompeji wiederentdeckt. Ausstellungskat. Stuttgart/Hamburg (Rom 1993), 172 Abb. 57.

Abb. 17, 23, 25, 28: V. Babucke

Abb. 18: nach: W. Deonna, Décoration murale de Corsier. Anz. Schweiz. Altkde N. F. XXI, 1919, 85-87, Abb. 2.

Abb. 29: nach: Z. Pielowski, Die Greifvögel (Morschen 1993) 52, Abb. 37 (Zeichnung G. Dzik). Mit freundl. Genehmigung des Neumann-Verlages Melsungen.

Abb. 31, 2: nach: J. Garbsch, Ein römischer Gutshof bei Holzhausen, Gde. Bergen, Lkr. Traunstein. Bayer. Vorgeschichtsblätter 49, 1984, 99-112, Beil. 1, Abb. 3.

Abb. 31, 4: nach: Th. Fischer, Das Umland des römischen Regensburg. Münchner Beitr. Vor- u. Frühgesch. 42 (München 1990) 330 f., Abb. 162 (Grundriss); ders., Römische Landwirtschaft in Bayern. In: Die Bauern in Bayern. Kat. Gäubodenmuseum Straubing 19 (1992) Abb. 17 (Ansicht).

Abb. 31, 5: nach: H. Koch, Die Villa rustica von Treuchtlingen-Weinbergshof. Intern. Archäol. 13 (1993) Abb. 2-3.

Abb. 31, 6: nach: J. Prammer, Das römische Straubing. Bayer. Museen Bd. 11 (1989) 87 Abb. 111.

Abb. 31, 9: nach: F. Reutti, Eine römische Villa suburbana bei Stadtbergen, Ldkr. Augsburg. Bayer. Vorgeschichtsblätter 39, 1974, 107 Abb. 1 (Grundriss); W. Czysz, Das Umland von Augsburg in der römischen Kaiserzeit. In: W. Pötzl/O. Schneider (Hrsg.), Vor- und Frühgeschichte. Der Landkreis Augsburg Bd. 2 (1996) 255 (Ansicht).